KU-524-204

Oilithreach Pinn

Liam Ó Muirthile

Withdrawn from stock

Cois Life

Dublin Public Libraries 2017

Tá an leabhar seo bunaithe ar eachtraí fírinneacha i saol an údair. Maidir le pearsana eile a bhuail leis feadh na slí athraíodh ainmneacha agus sonraí eile ar uairibh ar mhaithe lena gcearta a chosaint.

Sonraíocht CIP Leabharlann na Breataine. Tá taifead catalóige i gcomhair an leabhair seo ar fáil ó Leabharlann na Breataine.

Tá Cois Life buíoch de Chlár na Leabhar Gaeilge (Foras na Gaeilge) agus den Chomhairle Ealaíon as a gcúnamh.

An chéad chló 2017 © Liam Ó Muirthile

ISBN 978-1-907494-77-2

Clúdach agus dearadh: Alan Keogh

Grianghraif: Moira Sweeney

Clódóirí: Nicholson & Bass Ltd.

www.coislife.ie

Brainse Bhaile Thormod
Ballyfermot Library   Tel. 6269324/

Afoot and light-hearted I take to the open road,
Healthy, free, the world before me,
The long brown path before me leading wherever I choose.

Henceforth I ask not good-fortune, I myself am good-fortune,
Henceforth I whimper no more, postpone no more, need nothing,
Done with indoor complaints, libraries, querulous criticisms,
Strong and content I travel the open road.

'Song of the Open Road,' *Leaves of Grass*, Walt Whitman
(*Complete Poetry and Collected Prose*, The Library of America, 1982)

Clár

1. Bayonne – Baiona

12 Meán Fómhair

'*Complet*', lán amach, a deir fear an tí liom sa dara hóstán i lár baile Bayonne.

'Tá scata daoine ag tarraingt ar Bhealach San Séamas i gcónaí, agus beidh ort dul níos doimhne i do phóca chun leaba na hoíche a fháil.'

Casaim ar mo sháil. Mo phaca ar mo dhroim agam den chéad uair inniu, tar éis turas fada traenach ó chúinne thoir theas na Fraince. Teideal anois agam ar lascaine seanóra sa Fhrainc le mo chárta *Senior*. Níl bus ná traein ag dul go Saint-Jean-Pied-de-Port, tosach mo Camino-sa, go dtí maidin amáireach. Gan de rogha agam ach an oíche a thabhairt i gcathair seo na mBascach. Gabhaim thar óstán an Côte Basque, agus tá ualaí bagáiste curtha amach as bus ag slua Áiseach, ar an gcosán. Bainim amach óstán eile cois na habhann.

Bean óg, lom, chnámhach, ag an deasc fáilte romham. Áit aici, €90, bricfeasta san áireamh.

'Tá tú ag dul ar an *chemin*?'

'Táim.'

'Tabharfad lascaine duit, mar sin. €80 agus bricfeasta san áireamh. Tá roinnt daoine eile sa tigh anocht, ar do chuma féin.'

Nuair a thugaim mo phas di, insíonn sí dom gur Catalónach de bhunadh Éireannach í féin. Cunningham an sloinne a bhí ar a sin-seanathair as sráidbhaile nach bhfuil a ainm ag teacht léi, agus a lonnaigh sa Chatalóin mar gheall ar a shláinte.

Aon fhéachaint amháin a thugaim uirthi.

'An eitinn.'

'Sea, an eitinn.'

Thug sé níos mó ná plá úd na hÉireann leis – an poblachtánachas lena chois. Cuireadh piléar ann le linn Chogadh Cathartha na Spáinne agus chaith an chlann teitheadh thar teorainn agus brúideanna Franco ag déanamh orthu as Barcelona. Tá sí ag foghlaim na Bascaise. Bhí sí trí huaire in Éirinn.

Catalónaigh agus Bascaigh muintir na tíre seo. Francaigh agus Spáinnigh leis. Deacair a rá cá gcrochann siad a bpríomhdhílseacht.

Bhíos i lár rang scoile i gCúil Aodha, i gceartlár Ghaeltacht Mhúscraí lá, ag déanamh ceardlann filíochta leo, agus tháinig an focal 'sneá' aníos sa chaint dúinn. Ní raibh sé cloiste ag na leanaí scoile.

'Focal a d'fhás sciatháin é sin agus a d'eitil isteach thar teorainn chugainn ó Chiarraí,' arsa an múinteoir go borb aníos as bun an ranga.

Ghabh frídíní i bhfad níos díobhálaí ná sneá, sciatháin idir an Fhrainc agus an Chatalóin. Díbirt, gan aon stad ag díbeartaigh an uair sin. Ná anois.

Tá faoiseamh orm leaba na hoíche a bheith agam, agus buailim amach ag siúl sara mbeidh sé ina oíche. Abhainn mhór leathan í an Nive taobh liom agus droichead sé áirse thairsti. Sruth millteach guairneánach agus cuilithíní ag rás inti, ag imchasadh agus ag scuabadh leo. Is breá an baile é, scamhóga folláine ann, an spéir os a chionn fairsing. Chreid an té a leag amach é in aerspás agus i solas. Sráideanna níos cúinge ar an taobh thall, i ndiaidh an Hôtel de Ville, daingean faoi áirsí dochta na Fraince.

Deirim liom féin más oilithreacht atá ar bun agam, seachas siúlóid, go bhfuil sé chomh maith agam cuairt a thabhairt ar an Ardeaglais i gcroí an bhaile. Buailim liom suas, agus tá fógra do choirm cheoil anocht ann. Roinnt dídeanaithe faoi áirsí na hArdeaglaise. Níl ach mionairgead i mo phóca, ach tá cead isteach in aisce ann. Roinnt céadta bailithe isteach agus an tormán íseal ag éirí go hard sna pócaí aeir os ár gcionn, macallaí sna frathacha. Níl fiacha an chláir agam, ach suím tamall. Coirm bhreá nuair a thosnaíonn sí, uirlisí práis, coirn Fhrancacha, dordveidhlí, cláirnéidí agus breis. Ceol nach bhfuil róshollúnta, ná ródhúshlánach ach oiread. Píosaí nuachumtha cuid acu, agus le Bach cinnte cuid de na píosaí bunaithe, faoi anáil Jean-Christian Michel a déarfainn, ar na cláirnéidí. Braithim gur ceoltóirí as acadamh ceoil ar an mbaile cuid mhaith díobh, agus a muintir i láthair.

Ní thugaim liom ach méid áirithe dá bhfuil le rá ag fear an tí mar gheall ar an macalla, agus braithim corrthónach. Fós, corraíonn an ceol mé, an ócáid, an mórchroí agus an slua, ach imím liom tar éis uair an chloig. Is dócha gur deacair mé a shásamh, agus coirm cheoil in aisce agam. Tuirse bóthair.

Tá sé ina oíche agus mé ag filleadh. Bainim amach an droichead arís agus téim ag iniúchadh dealbh mhór crochta ar bhonn cloiche le hais an droichid. Cairdinéal Bascach ón naoú haois déag, agus é ag fógairt go diongbhálta lena bhachall faoina hata cairdinéalta. Is deacair a cheannaithe a dhéanamh amach sa doircheacht agus é go hard. Bím á samhlú dom féin, an aghaidh chaoraíochta úd. Caochann téacs fóin ón mbaile. Lasann an spéir lastall, splancanna tintrí i gcéin sna sléibhte. Fannghorm. Braillíní góstúla ag leathadh ar na mullaí, anuas ar na cliatháin faoi chrann ghiúise. Tosnaíonn an bháisteach ag stealladh, tairní fada caola anuas díreach.

St. Jean amáireach. Na Piréiní amanathar. Pé scéal é ag na Fíréiní, tráth den saol, agus anois féin.

2. Saint-Jean-Pied-de-Port

13 Meán Fómhair

Má deir tú gur oilithreach tú, má tá cuma na hoilithreachta ort le do phaca, ar do shiúl ar chonair na hoilithreachta, is dócha gurb ea … Braonacha báistí – caithfead éirí as agus fothain a bhaint amach … 'Nach oilithrigh sinn go léir?' arsa cara liom agus mé ag beartú an turais. Is ea, go deimhin.

Faoi scáth os cionn cupa tae ar leataobh sráide i lár bhaile St. Jean. Fuadar an Domhnaigh, turasóirí, siúlóirí.

Bhaineas an baile amach go gairid tar éis a naoi ar maidin agus bhuaileas isteach go dtí oifig na hoilithreachta. Beirt bhan istigh. Mná mar iad cnámh droma na 'Amis de St Jacques.' Stuama, réchúiseach, feistithe ach gan a bheith rófheistithe, mar a bheadh aintíní tráthnóna Domhnaigh i mbun riar tí agus boird.

€2 a lorgaíonn sí ar mo phas oilithreachta. Ní bheidh an tigh aíochta d'oilithrigh, atá faoi chúram na comhairle baile, oscailte go dtí a dó nó leathuair tar éis. Buailim liom síos an tsráid arís, agus meallann tigh mé go bhfuil 'Zen' agus earraí síoda fógartha ann, agus €10 ar leaba na hoíche i suanlios. Nuair a thagann bean an tí amach, tá cuma an-chaite ar a haghaidh, feaig idir na méaranna, agus deir sí gur do dhaoine óga an táille

€10. Ní bheidh sí ar oscailt ar aon chuma go dtí leathuair tar éis a ceathair.

Mheall síoda agus mná Zen le fada riamh mé. 'Aisling mheabhail d'aicill mh'anam …'

Déanfaidh sé feitheamh fada agus buailim liom ag siúl cois abhann. Tá mo chroí lán d'amhras i dtaobh an ghnó seo ar fad. Ollturasóireacht idirnáisiúnta, oilithreacht más fíor. Fós, ionam féin, táim meáite air. Dheineas dhá chuid de cheana, le mo bhean chéile, agus le mac dom. I m'aonar atáim an uair seo. Táim chun mo phaca a iompar ar feadh na slí, chomh fada le mo chumas, agus fanacht sna brúnna aíochta i dteannta oilithreach eile ar an gcuma chéanna. An pas oilithreachta, *credencial* i Spáinnis, a thugann cead isteach sna brúnna. Gheobhad seomra liom féin ó am go ham, chun sos ceart a fháil. Tá cosc curtha agam, ionam féin, ar an bhfocal 'spioradálta' … creidim go bhfuil saíocht nó fios éigin ársa ag baint leis an aistear oilithreachta, le bheith i do dheoraí, le deorantacht. Ní hionann deorantacht agus oilithreacht, ach tá gaol gairid eatarthu. Thuig an seandream rud éigin i dtaobh nádúr na daonnachta, i dtaobh aigne, meanma agus anam an duine. Aistear atá ann, agus meafar in éineacht, ach nílim ag dul ródhoimhin in aon mheafar anois. As an rud féin a dhéanamh a chaitheann an léargas teacht. Pé léargas é. Is fós, ní mian liom aon mhúnla nó fráma a leagan air. Bíodh sé mar atá agus mar a bheidh …

Tá 'carachtar' ina sheasamh i mbéal an chaifé seo ina bhfuilim, faoi scáth áirse amuigh, agus cúpla focal aige á gcaitheamh le gach éinne a ghabhann thar bráid. 'Bonjour', 'Buenos dias', 'Americano', 'Mexicano', 'Vous parlez Basque' … é cneasbhuí, lom go leor, caipín *baseball* air, maide caol aige, gloiní gréine, paca gan ualach ar a dhroim, treabhsar gearr, géarchúiseach, béalscaoilte, saghas fáilteoir oifigiúil déanta aige de féin. Baineann sé leis an áit. Chuala é á rá go mbíodh sé lena sheanmháthair sa chaifé seo – '*c'est très ancien*', ar sé. Ní maith leis, a bhraithim, go mbeinn féin i mbun pinn ag breacadh agus sracfhéachaintí agam air. Bhíodh a leithéid i gCorca Dhuibhne fadó. Bhraithidís go mbíodh dualgas orthu beannú don stróinséir, fáilte a chur roimhe, a fháil amach cérbh é, cad as é, agus raghadh an stróinséir abhaile á rá leis féin gur bhuail sé le muintir Chorca Dhuibhne. Chuir sé aithne orthu sa tábhairne i gcaitheamh an tsamhraidh.

An seanbhaile seo, ag síneadh idir na fallaí cosanta ó gheata go geata, ní móide go bhfuil aon bhunathrú ar leagan amach na sráideanna ann leis na cianta. Ag rith le fána ón ngeata i mbarr an bhaile, síos go habhainn agus in aghaidh an aird amach arís ar chonair San Séamas. Ag an ngeata ar an ard, tá na doirse troma adhmaid fós ann, agus go hobann, níos luaithe, bhraitheas thiar sna meánaoiseanna agus mé ag coisíocht faoin áirse. Bhraithinn a leithéid chéanna i sráideanna áirithe i gcathair Chorcaí agus mé óg, fadó.

Seo mar a bhuailfeadh an baile leat, ar shroichint – na tithe arda sa tsráid chúng ar aghaidh a chéile agus iad coimhthíoch a bhraithim, don stróinséir. Ní gach éinne a scaoilfí isteach, ach an té go mbeadh na dintiúirí aige ón uasal seo, ón eaglaiseach úd. An baile istigh agus an baile amuigh. '*Les loups longent les collines …*'

An deacracht atá agam féin le cuid mhór den tráchtaireacht 'spioradálta' a bhíonn timpeall, go mbíonn sé lán d'fhírinní follasacha – tuiscintí is léir dúinn cheana inár saol, ach nach gá iad a chur i bhfocail toisc a léire atáid. Ionann iad agus drochfhilíocht. Titeann na focail de phlimp gan anam ar an leathanach. Tá siad chomh lán dá mbrí féin, nach bhfuil iontu éirí, mar a bheadh bolg mór lán de ghaoth. Nó gan iontu ach aer. Ach cuid den bhfíorfhilíocht, den tráchtaireacht anama a ghabhann sciatháin – *New Seeds of Contemplation* le Thomas Merton mar shampla – ní thuirseofá go brách de. Bíonn faobhar ar an bhfriotal a ghaibhnítear i bhfoirnéis na tuisceana, i múnlú an léargais féin. Má tá i ndán dom filíocht ar bith a dhéanamh ar an aistear seo, as buillí na coisíochta féin a thiocfaidh sí. Táim bréan de chumadóireacht ró-oilte. Ba mhaith liom go séidfeadh smúit agus triomach agus allas trí na línte.

Is mó atáim ag cur aithne ar Bhealach San Séamas suite anseo ar mo thóin, ag ól tae, ná ag cur allais in aghaidh an tsléibhe. D'fhéadfainn tríocha éigin lá a thabhairt anseo, teacht anuas go dtí caifé Barbier-Millox agus tae a ól, caint a chur ar dhaoine agus an 'Camino' a dhéanamh i mo cheann. An 'Camino' a dhéanamh i mo pheann. Sea, is Oilithreach Pinn ó bhonn mé, agus Oilithreacht Pinn mo scéal.

Tá saghas 'sméideadh' Camino ann leis, *rictus perigrinationis*; sméideann oilithrigh ar a chéile, agus sméideann stróinséirí áirithe ort leis. Má leanaim orm ar an téad seo, mar a deirtí fadó, seinnfead port a dhíbreoidh ón gconair ar fad mé.

8

Beidh port eile agam ar a hocht a chlog ar maidin amáireach.

Beirt Mheicsiceach – mná, Juanita agus Sylvia – díreach tar éis coinne a dhéanamh liom chun iad a thionlacan ar maidin. Buailfead leo faoin áirse taobh leis an Ardeaglais. 'Carillon' anois ag na cloig agus meidhir ar an lá. Braonacha báistí ann as, ach ní faic é …

Tá na pacaí curtha ina seasamh leis an bhfalla ag roinnt siúlóirí ag cur áit in áirithe ag an mbrú baile – *auberge municipale*. Leathuair an chloig sara n-osclaíonn. Leaindeálann fear mór téagartha faoi ualach inár measc, na pluca dearga séidte agus é níos mó chun boilg ná mé féin.

Tosnaíonn sé ag caint agus ag cur as sara mbíonn sé ina stad. Tá conair déanta aige as Lucsamburg, 'nócha cúig faoin gcéad Caitliceach', ar sé leis an slua roimhe, a ghutaí Gearmáinise ag ramhrú na Fraincise agus ag bearradh na gcúinní di. Is fearr leis Fraincis a labhairt ná Béarla.

D'fhág sé Lucsamburg ar 11 Iúil. Shiúil sé anuas trí Champagne, lean an Saône go Cahors, Taizé agus mar sin de. Ní fhágann sé focal ag éinne eile. Tá sé ag siúl ar mhaithe lena bhean chéile ar sé, lia ban is cosúil, ar bhuail ailse brollaigh í féin agus seo leis ag insint na sonraí. Tá sé chomh mionchúiseach sin go gcaillim spéis ina thruamhéil. Téann díom é a dhéanamh amach i gceart. B'fhéidir gurb í an bhean a chuir an teitheadh air.

Tá sé sa leaba fúm anocht, sa bhunc íochtarach. Ní bheidh sé sásta go deo. Tá an iliomad 'Camino' déanta aige, as an Toscáin san Iodáil, as seo siúd is eile. Pé rud atá ag dó na geirbe aige, go bhfaighe sé suaimhneas, an fear bocht. Sea, níl aon suaimhneas sna súile aige.

Ligeas do na daoine eile socrú isteach sna leapacha san *auberge* – leaba na hoíche agus déanamh do bhricfeasta ar €10 – agus nuair a bhí a gcuid déanta acusan shíneas siar dom féin. Tháinig fear eile chugam ag beannú dom – Gearmánach a rothaigh as Karlsruhe.

'Cén fhaid a dheinis inniu?' a d'fhiafraíos de.

'50 km.'

Mheasas nár mhór ar fad an t-aistear a chuir sé air féin, ach bhí sé báite in allas. Bhuail sé le hÉireannach go raibh *gîte* aige ('*sheet*' a dúirt sé) in Moissac ar a shlí anuas agus shocraigh sé na coscáin dó. Bhí sé buíoch d'Éireannaigh.

Nuair a dhúisíos tar éis dreas codlata bhí sé suite i gcathaoir, agus cad a bhí, ach cos phróistéiteach bainte aige de, agus í á hathfheistiú. Bhí stumpa na glúine ag gobadh amach mar a bheadh muineál turcaí fáiscthe ag bindealáin, agus é á athfháisceadh le ceann glan. Mo ghraidhin é. Níor cheart breithiúnas a thabhairt go deo ar ualach an té eile – níl a fhios ag éinne againn cá luíonn an bhróg ar an bhfear eile.

Bhíos ag seinnt arís tar éis mo dhreas codlata agus shuíos faoi chrann ag an *auberge* ag léamh.

Bhuaileas amach ansin agus bhí béile agam i mbialann bhreá Bhascach ar an mbaile. Ba chuimhin liom é ón turas deireanach, é buailte suas le seanfhalla an bhaile, Ostatua-Jatetxea, 8 rue de l'Église. Ba chuimhin liom an babhla breá *garbure,* anraith prátaí agus cabáiste agus feola. Táim á bhreacadh seo faoi sholas lasmuigh anois. Lánúin bhreá as Portland Oregon i Meiriceá taobh liom, iad ar bheagán Fraincise. Máistir báid é féin, agus a thicéad faighte aige i gColáiste na Mara i gCorcaigh.

Lasas coinnle don Camino san Ardeaglais, taobh leis an áirse, níos luaithe.

A Chríost, castar na daoine ar a chéile. Tá rud éigin ag baint leis an Camino seo, gan aon agó.

Chífeam amáireach.

3. St. Jean – Roncesvalles

14 Meán Fómhair

Táim faoin áirse Spáinneach taobh leis an Ardeaglais ag a cúig chun a hocht agus fonn bóthair orm. Thugas foláireamh crua don bheirt bhan bheith ann ar a hocht. Nochtann Juanita ar bhuille an chloig. Tá an lá fliuch, gan a bheith an-trom, gan ghaoth, agus deir oifig na hoilithreachta go bhfuil sé geallta fliuch don lá, gan aon stoirm sna sléibhte áfach. Deir mo sheirbhís mheitéareolaíochta féin go ndéanfaidh sé glanadh éigin i lár na maidine.

'Cá bhfuil Sylvia?' a fhiafraím.

'Caithfead dul ag triall uirthi.'

Téann sí amú. Aimsíonn sí an treo ar deireadh. Táimse bailithe. Tá sé tamall maith tar éis a hocht. Deirim léi í a aimsiú go beo agus téim isteach in *brasserie*. Tá faobhar ar mo mhoill. Tá beirthe arís orm. Ordaím caife agus suím go míchéatfach. Bhíos ag tabhairt aire do mo ghnó féin, suite ag bord le hais na sráide á scríobh seo. Bhí an Bascach oifigiúil gur thógas ceann de ag caint leis an mbeirt seo, an dá Mheicsiceach. Ní foláir nó chonaiceadar mise ag faire orthu i ngreim ag an mBascach sráide.

Tháinig Juanita i leith chugam nuair a scaoileadar greim mo dhuine, agus d'fhiafraigh díom an raibh an Camino thar na Piréiní ar eolas agam agus ar thuigeas Spáinnis. Sea, tá agus tuigim arsa mise léi, gan chuimhneamh.

An ndéanfainn iad a thionlacan le mo thoil?

Dhéanfainn ach scaoileadh faoi ar a hocht ar a dhéanaí.

Bhí sé leathuair tar éis anois. Bhailíos mo mhála, agus chuireas díom. Sheasas ag cúinne sráide chun trasnú, agus b'eo anuas Sylvia ag sméideadh.

'Táimse ag imeacht,' arsa mise go grod.

'*Buenos dias, mi amigo*,' ar sí féin, 'tá an lá ar fad againn.'

'Cá bhfuil Juanita uait?'

'Tá sí sa *panaderia* ag ceannach an lóin.'

Ligeas eascainí asam a bhain siar aisti, agus ba mhaith nár thuig sí. Dhein sí gáire mór leathan déadgheal maidine i lár an chosáin agus ghéilleas, ar ndóigh. Cé nach ngéillfeadh do bhéal lán gáire mná lá báistí?

Bhí na pacaí troma curtha ar aghaidh acu. Sin é a chuir an mhoill orthu, ag feitheamh leis an veain chun iad a thabhairt leo. Ach d'iompróidís iad gach lá eile. Tháinig Juanita anuas an tsráid agus thugamar faoi.

Dúrt liom féin nach mbeadh aon mhaolú ar an siúl agam in aghaidh an aird, agus ba ghearr go rabhas chun tosaigh go maith orthu. Bhí saothar orthu, agus dúirt Juanita go leanfaidís mé. Bhraitheas dualgas orm – dualgas na hoilithreachta féin b'fhéidir – maolú éigin a dhéanamh agus na comharthaí a thaispeáint dóibh. An bheirt acu íseal go maith, sna daichidí a mheasas, agus iad i mbun obair oifige i gcathair Mheicsiceo. Bhí an bháisteach ann as, cuid de trom. Bhaineamar an chéad stad amach ag Orisson, thart ar a haon déag. Bhí sé in am caife agus greim bia. Bhí an oíche tugtha ag roinnt mhaith daoine in Orisson, chun an turas thar na Piréiní a chiorrú, Meiriceánach Afra-Mheiriceánach amháin ina aonar gur bheannaíos dó. Bhí 19 kg ina phaca aige; as San Francisco é. 10 kg, agus faoina bhun, atá i mo phaca féin.

'Tá mórán Meiriceánach ar an Camino, cad a thug ann iad?'

'Chonac féin an scannán *The Way*. N'fheadar faoin gcuid eile.'

Buailimid bóthar arís tar éis an tsosa, agus siúl turbó fúinn leis an gcaife. Ní raibh mar lón agam féin sa mhála ach sladhsanna Jambon Bayonne, agus an fuadar níos luaithe tar éis m'aire a bhaint de mo riachtanas bia féin.

Tuairim is 8 km atá Orisson ó St. Jean agus tá dreapadh eile ina dhiaidh go dtí Pic d'Orisson ag 1,100 m, agus 3.8 km in aghaidh an aird. Na héin chreiche – an clamhán, an fiolar agus an fabhcún – ag eiteallaigh ar na sruthanna aeir agus ag saighdeadh leo de ruthag obann síos i measc na dtor agus na gcrann. Na mná ag stopadh gach re seal chun pictiúir a thógaint agus sinn ard os cionn na sléibhte laistíos. An bháisteach ag dingeadh inár gcoinne agus an ghaoth á tiomáint. Ach ní mhaífeadh Éireannach go deo gur drochlá ceart a bhí ann. Siúl cuibheasach leibhéalta tar éis Pic d'Orisson go dtí Cruceiro, 3.6 km, casadh isteach ón gcrois agus dreapadh dhá chéad méadar eile go dtí an teorainn idir an Spáinn agus an Fhrainc ag Col de Bentartea. Bhí glanadh á dhéanamh aige ag gabháil tríd an gcoill bheithe agus dreapadh arís ann go dtí Col de Lepoeder. Bhí na Meicsicigh tite ar gcúl agus bhí ocras orm féin. Bhí airc orm i ndáiríre, agus gach mallacht agam ar an mbeirt bhan. Chuimhníos ar Aisling Mhic Conglinne agus a fhís bia, agus ní fhéadfainn solamar a chur as mo cheann. Stracfainn cnámh feola as a chéile. B'iúd romham ar an gconair bean théagartha, í buailte fúithi agus ceapaire ina gob aici. Banana lena taobh. Staic de mhaide aici. Bheannaíos di le '*Bon appétit*', ach le fírinne bhí fonn orm an bia a bhaint as a béal agus an banana a sciobadh. Bhéarfainn ar sciúch uirthi chun an ceapaire a ghoid. Tá screamh na sibhialtachta an-tanaí ar deireadh. Bhí uisce sa bhuidéal pé scéal é, agus é líonta ag an Fuente de la Frontera. Bhuaileas fúm, bhí an lá tar éis gealadh, agus d'ólas. Tháinig an bheirt Mheicsiceach chomh fada liom. Bhí lón acusan ach bhí sé ite acu!

'Ar thug sibh aon rud eile libh le hithe seachas dhá cheapaire?'

'Tá málaí torthaí triomaithe againn.'

'Bain amach iad.'

D'itheas a raibh acu, aibreoga triomaithe, caora finiúna, aon diabhal ruda a raghadh i mo bhéal. Bhíodar milis. Bhí cuma leathsceimhlithe ar Sylvia, ar fhéachaint orm ag alpadh, agus thochail sí go doimhin ina paca lae. Bhain sí amach mála almóinní. Siar le crobh acu. Crobh eile. Bhíos sásta. D'fhág sí agam na halmóinní.

Bheadh an chonair síos ar fad ina dhiaidh seo tríd an gcoill bheithe. Seanchoill, atá ann leis na cianta. Bhí radharc níos luaithe ar fhairsinge Thír na mBascach lenár gcúl, ach ní raibh ach an t-aon sprioc amháin i mo cheann féin anois: an tigh aíochta a bhaint amach. Bhí sé ag déanamh ar a cúig tráthnóna agus chaithfí é bhaint amach in am, sara líonfadh. An bheirt bhan i mo dhiaidh gan maidí ná prapa chun an choisíocht a choimeád ar an bhfána. Thugas maide de mo chuid féin do dhuine díobh. Dhéanfadh ceann mo ghnó-sa. Bhuaileas liom ar aghaidh arís, agus d'fhágas i mo dhiaidh iad. Tá 4 km go dtí an *albergue* in Roncesvalles. Bíonn na ciliméadair dheireanacha sa ló ar na cinn is déine. Na cinn bhreise sin le fána agus an paca ag brú i do choinne. Ach níor bhraitheas aon tuirse go dtí gur stadas ag an droichead beag trasna na habhann isteach in Roncesvalles. Bíonn an choisíocht cuibheasach maith agam in aghaidh an aird agus le fána síos. Bhí amhras orm i dtaobh glúin amháin, ach bhíos slán. Gortú iomána a d'fhág cnap ar leathghlúin ó bhíos i mo gharsún. Shíneas ar bhinse taobh leis an abhainn. Bhí an tráthnóna tar éis glanadh mór a dhéanamh ach ba ghearr go mbeadh an fhionnuaire arís ann. Níor thráth moilleadóireachta é.

Ní raibh an *albergue* sa tseanmhainistir in Roncesvalles mar ba chuimhin liom é ach é atógtha as an nua, ardaitheoirí agus gach feisteas nua-aimseartha istigh. Níor thúisce ag an deasc mé ná b'eo *hospitaleros* Dúitseacha chugam, iad faoi éide dhearg ag cur fáilte romham agus do mo threorú. Tháinig tocht orm do m'ainneoin. Oibrithe deonacha a choimeádann an áit seo atá chomh mór fairsing le hóstán den scoth, ag imeacht ó Mhárta go Deireadh Fómhair. Sealaíocht choicíse a dheineann siad ar a chéile; bhí go maith os cionn trí chéad duine sa *monasterio* don oíche.

Fuaireas leaba san íoslach agus d'íocas as dhá leaba eile do na Meicsicigh. Shroichfidís am éigin. Bhí na leapacha ab fhearr tógtha i bhfad roimhe sin, ach nár chuma ach leaba na hoíche a bheith ag duine?

Bhíos sásta go raibh an chéad gheábh déanta. Bhí stocaí agus drárs le ní agus mé féin leis. Pé amhras a bhí orm, bhí sé curtha as mo cheann agam. Téir ag siúl a dhuine agus dún do chlab.

Bheadh Aifreann an Camino ann i gceann tamaill, agus d'fhreastalóinn air. Dheineas mo mhionchúraimí agus b'eo isteach le Juanita agus Sylvia. Bhí Juanita sa bhunc os mo chionn agus Sylvia lastall. Bhí a gcuid pacaí rompu agus iad tugtha leo acu ón deasc fáilte. Cad a bhí, ach an bhean Fhrancach gur theastaigh uaim an bia a sciobadh uaithi níos luaithe, suite ar chiumhais a leapa in aghaidh an fhalla. Chuas chun cainte léi agus bhaineas gáire groí aisti. Bean chroíúil, Véronique, thaispeáin sí a maide siúil dom, ailp mhór ruda gur thug sí seanainm – *bourdon* – air. Bhí cnap ar a bharr a chnagfadh cloigeann. Thugadh oilithrigh sa tseanaimsir, crobh cré ón áit dhúchais acu féin, sa chnap ar bharr an *bourdon* chomh fada le Santiago.

'Chun mé féin a chosaint ar robálaithe agus ar chladhairí ar do chuma féin a sciobfadh an greim bia as mo bhéal é sin,' ar sí.

Bhí an séipéal lán go doras d'Aifreann na nOilithreach. Mo chéad bhlaiseadh de Chaitliceachas na Spáinne an turas seo, luaigh an sagart ón altóir go raibh oilithrigh i láthair as mórán tíortha ar domhan – Irlanda san áireamh. Bhí ceistneoir beag le comhlánú ag an deasc nuair a fuaireamar leaba na hoíche, ár náisiúntacht agus fáth ár dturais san áireamh – Reiligiúnda, Spioradálta, Cultúrtha, Eile. Chuireas féin tic sna boscaí Spioradálta agus Cultúrtha, cé go bhfuil an focal Spioradálta díbeartha as mo leicseanóir. Bhraitheas nár sháraigh an tic mo gheas.

Bhíos rófhuar sa séipéal agus chuireas díom.

Shuíos chun boird le triúr Eilvéiseach i gcomhair dinnéir.

Baincéirí beirt acu agus deartháir do dhuine díobh an tríú fear a bhí ag plé le ciste pinsin sheirbhís phoiblí na hEilvéise sa Ghinéiv. In Buenos Aires san Airgintín a bhí baincéir amháin, ag obair le banc Eilvéiseach, agus an fear eile in Barcelona ag obair i mbanc eile. Bhí grúpa as SNCF na Fraince ag bord thall uainn ag tabhairt faoin Camino. B'fhuirist dóibh, a rith sé liom, agus pinsean iomlán ag cuid acu, in aois a leathchéad bliain. Seans go raibh fear na bpinsean taobh liom ag plé leis.

Ach comhluadar breá ab ea mo thriúr, Iodáilis na hEilvéise a dteanga dhúchais agus an iliomad teangacha eile ar a dtoil acu. Chuirfidís náire ar aon Éireannach aonteangach, dá gcuimhneodh sé i gceart air féin. Easpórtálann na hEilvéisigh a gcumas i gcúrsaí airgeadais ar fud an domhain. Teangacha cuid den bhunús leis sin.

B'ait leo féin nár ól fear as Éirinn deoch alcóil.

Bhí fonn abhaile as an Airgintín ar fhear Buenos Aires, ach ní fhéadfadh sé bogadh mar gheall ar cheangail teaghlaigh agus tí. Bhí sé pósta le bean as Uragua. Sin é a dúirt sé pé scéal é. Bheadh scéalta móra airgeadais agus cúblála ag an dtriúr sin, ach tá ceart againn go léir ar an Camino a dhéanamh.

Chuas don leaba láithreach tar éis mo bhéile oilithrigh. Bhí cúigear Albanach sa chúinne thall agus iad ag srannadh mar a bheadh banna píobaireachta as tiúin ag dordáil leo.

Bhíos buíoch go bhfuil allaíre ar leathchluas liom. Chuireas cluas na héisteachta leis an bpiliúr agus thiteas i mo chnap.

4. Roncesvalles – Larrasoaña

15 Meán Fómhair

Tagann na *hospitaleros* – feighlithe – Dúitseacha thart ar an suanlios, ag cantaireacht, ag a deich tar éis a sé ar maidin. Lasann siad na soilse. Bréagchantaireacht Ghreagórach acu.

> 'Tá sé ina lá amuigh ag gealadh,
> Bí amuigh as do leaba …'

Á, in ainm dílis Dé, ionann é agus a bheith ar ais sna Gasóga! Burlálann na codlatáin as na leapacha, cuid acu, agus casann breis isteach leis an bhfalla chun neomat eile a chaitheamh lena dtaibhrithe. Tá na hAlbanaigh sínte síos uaim agus tosnaíonn fear an tobac ag casachtach. Maidir le sranntarnach, níor cheart an mhéar a shíneadh i dtreo éinne eile. An bhean ghnaíúil Fhrancach i mbunc leis an bhfalla, Spáinneach nach n-éiríonn taobh léi, Gearmánach óg sna fichidí os cionn bhean na Fraince. Paca mór aige, agus é doicheallach, ach fós tugaim gean dó ar chúis éigin. An bheirt Mheicsiceach i gcónaí ann, an bhean os mo chionn agus Sylvia thall. Níor thugadar leo aon áis chodlata agus chaitheadar an oíche faoi éadach éigin gan chompord.

Tá na málaí droma faighte acu agus iad ag póirseáil iontu. Cruinníonn an mhaidin, diaidh i ndiaidh. Daoine ag feistiú don mbóthar. Caithfimid ar fad glanadh linn roimh a hocht. Dream diongbháilte iad na Dúitsigh, iad mionchúiseach – 'ná fág mála droma ar an leaba' – 'níl an ticéad seo bailí gan marc glas air, *grünen stripen*' – 'gabh timpeall ar an seomra níocháin leis an gclog,' agus mar sin de. Is dócha, lena gceart a thabhairt dóibh, go bhfuil an tigh ar fad ag brath ar a stiúradh-san. Réitím féin chun bóthair. Ní ghealann sé i gceart go dtí leathuair tar éis a seacht. Is fearr liom imeacht leis an solas ach níl an dara rogha inniu ann.

'Níl aon mhála codlata agaibh,' a deirim le Sylvia.

'Ní raibh a fhios againn gur theastaíodar'.

Fágaim mar sin é. Féadfaidh siad aire a thabhairt dóibh féin feasta.

'Cén plean atá agat?' a fhiafraíonn sí díom.

'Cur chun bóthair.'

'Táimidne chun bualadh ar aghaidh go dtí sráidbhaile Burguete agus bricfeasta a chaitheamh.'

'Is fearr bogadh mar sin gan mhoill.'

'Tá na pacaí droma róthrom le hiompar. Táimid á gcur ar aghaidh.'

'Cén t-am?'

Cuireann sí strainc uirthi féin.

'Ar a hocht.'

'Ródhéanach. Chífead sibh in Burguete nó feadh na slí.'

Ní oibríonn an strainc níos mó. Tá sé róluath ar maidin chun gáire déadgheal a dhéanamh. Tabharfar aire dóibh.

Buailim ar aghaidh. Tá sé fós dorcha ach lasann soilse na n-oilithreach eile an tslí romham. Tá an bhean Fhrancach, Véronique, agus Seapánach mná, Kanako Shimizu, ar an tslí romham. Tagaim suas leo. Buaileann fear eile, Attila as an Ungáir, an treo. Is beag Béarla gan trácht ar aon teanga eachtrach eile atá aige. Roinnt abairtí Gearmáinise. Seans go bhfuil Rúisis aige, ach is beag an cúnamh í sin ar an Camino.

Sin é mar atá ag an Camino. Daoine ag casadh ar a chéile, ag scarúint; bualadh le daoine eile, cuid den bhóthar a shiúl leo, agus slán leat anois, *Buen Camino*. Ar shlí amháin, is geall le brionglóid é, mura mbeadh do chorp agus do ghéaga á rá leat go bhfuil boinn na gcos ar an dtalamh.

Tugaim tamall ag coisíocht le Véronique agus a cara Seapánach. Tamall ag labhairt Fraincise, tamall ar an mBéarla ar mhaithe le bean na Seapáine. Is breá le Véronique a cuid Béarla a chleachtadh. Tá saghas prótacail i réim ar an

Camino leis, is é sin, nach nochtann duine ach an méid is áil leis ina thaobh féin. Fós, deir Véronique liom go raibh triúr clainne uirthi agus í anois ag gabháil de chuntasaíocht le comhlacht Danmhargach in aice le Páras. Tá sí sna caogaidí anois, agus í mall in aghaidh an aird, agus buailim féin agus Attila an Hun-gháireach ar aghaidh. Tá béaloideas i dtaobh cailleacha sna coillte go bhfuilimid ag gabháil tríothu i dtreo Burguete, pé bunús a bhí leis an gcath idir iad agus an dream a chuir tine lasrach leo tráth. Is dócha gur loisceadh iad ar mhaithe le creideamh nó de bharr ainchreidimh, mo ghraidhin iad. Táim rófhada ar an mbóthar chun géilleadh do sheafóid na gcailleacha bochta. Seans gur bhundúchasaigh iad ar ghlan an chéad dream eile chun siúil iad.

Tionlacan an tosta atá agam le Attila, fear lúfar, téagartha beagán níos lú ná mé féin atá ar meánairde. Cuma shuáilceach air, éiríonn liom a thuiscint uaidh gur thiomáin sé ó Budapest tríd an Ostair agus an Ghearmáin áit ar theip an carr. Cuireadh moill fhada air, ach bhuail sé bóthar arís agus bhain St. Jean amach. Tar éis tamaill, agus an choill curtha dínn againn, níl faic le rá againn le chéile, sméideann sé agus buaileann ar aghaidh.

Tá ina lá.

Táim féin sásta a bheith liom féin. Níl Burguete ach 3 km nó mar sin ó Roncesvalles, agus táim ag tnúth le céadsólaistí na maidine faoin am a bhainim an caifé amach le hais an bhealaigh.

Tá daoine istigh romham a bhfuil súilaithne ar a laghad agam orthu, ach bainim bord amach faoin aer agus coimeádaim mo chomhairle féin.

Nílim tagtha isteach ar rithim na peannaireachta agus an tsiúil i gceart go fóill. Más áil liom dialann a bhreacadh ar imeachtaí laethúla, tuigim gur gá am a chur i leataobh tráth éigin den lá fad atá cúrsaí úrbheo i mo cheann. Tá seantaithí agam le blianta fada ar leabhair nótaí a bhreacadh le peann luaidhe – is é is fearr agus is tapúla – ach is minic nach mbíonn i gceist ach frása nó líne éigin a rithfeadh leat. Braithim go gcaithfead breith ar iarann te an aistir seo i mo dhá lámh. Ní fear *Kindle* mé, agus níl ach fíorbheagán leabhar agam i mo phaca, mar gheall ar an meáchan. Ceann díobh is ea *Selected Poems* le Rosalía de Castro, file as an nGailís a bhainim amach anois. Cnuasach trítheangach i nGailísis, Spáinnis agus aistriúcháin Bhéarla leis an Éireannach Michael Smith. Saolaíodh Rosalía in 1837 in Camiño Novo, lasmuigh de Santiago de Compostela. Cailleadh í in 1885. Sagart san Ardeaglais in Santiago ab ea a hathair, José Martínez Viojo, agus de theaghlach bunaithe compordach a máthair, María Teresa de la Cruz de Castro. Leanbh tabhartha i bpobal coimeádach Caitliceach tuathánach. Cuimhním ar dhúthaigh mo mháthar go háirithe, ar thuath Chorcaí. Mar a deir Smith ina réamhrá:

> For centuries, Galicia was an economically backward region of Spain. Over-populated, the region suffered from dreadful exploitation of its peasantry by feudal lanlordism. Emigration or starvation was often the only choice that faced the majority of the Galician peasantry. Their different language and their poverty even in a poverty-ridden country as the Spain of the time, marked out Galician peasants as the lowest of the low in the class structure of Spanish society. Galician had ceased to be a written language since the medieval cántigas de amigo. Early in the 19th century, efforts were made by some individuals to renew Galician culture and recover its written language. This situation is very similar, in cause and effect, to the revival of native Irish culture in the early 19th century. Rosalía was a major participant in this revival.

Nílim ach tosnaithe ar í a léamh, ach braithim gurb í is mó a bheidh do mo thionlacan go ceann scríbe sa Ghailís. B'fhéidir fiú, go n-éireodh liom cúpla dán léi a aistriú go Gaeilge. Níl aon chuid de shofaistiúlacht oilte an naoú haois déag féin ag baint lena cuid foirmeacha, ná lena cuid prosóide – conas a bheadh agus cúinsí a beatha mar bhean a chur san áireamh – ach ar sracfhéachaint a thabhairt ar roinnt dánta, le cúnamh aistriúchán Smith, tá ionracas sceirdiúil mothálach ag baint léi a théann caol díreach go dtí an croí. Seo roinnt línte as dán déanach dá cuid i Spáinnis, a bhreacaim go garbh:

Era apacible el dia
Bhí an lá bog

Bhí an lá bog
agus an t-aer séimh,
agus é ag báisteach, ag báisteach
go ciúin agus go caoin;
agus fad a bhíos féin go ciúin
ag caoineadh agus ag cneadaíl,
fuair mo naíon, rós leochaileach,
bás ina shuan.

Nuair a fhéachaim thart an athuair, tá na boird glanta. Na scuainí luatha bailithe leo, is gearr go mbeidh na déanacháin ag sroichint. Na mná as Meicsiceo! Bailím liom. Tá's ag Dia go bhféadfainn leath an lae a thabhairt ag cuimhneamh ar Rosalía de Castro. Ní mór dom cúram a dhéanamh de mo chúrsa, agus bualadh romham. Ní bhraithim aon iarsma tuirse ón lá inné, go nuige seo pé scéal é. Iomlán an chúrsa inniu 21.9 km, agus baile Zubiri mar cheann scríbe, de réir mar atá sé leagtha amach ag John Brierly ina threoirleabhar. Níl aon áirithint déanta in aon áit agam, agus sin é mar is fearr liom é. Mura dtaitníonn áit liom, ní fhanfad ann. B'fhearr liom leis, a bheith i dtreo Pamplona/Iruñea don tríú hoíche agus tamall a bheith agam sa chathair. Tugann an paca droma an-saoirse imeachta do dhuine, ach ní mór é a iompar. An chaoire mór agus an t-uan i bhfad.

Dhá dhreapadh atá ar an gcúrsa inniu, ceann acu beagnach míle méadar ar an Alto de Mezquiriz, an aimsir bhreá anois agam agus mo chaipín orm. Maidir le mo dhialann, braithim go bhféadfaidh daoine eile tuairisc iarsmaí stairiúla agus seanchais nó eaglasta a chur. Ní hí an phraiticiúlacht an bua is mó riamh a bronnadh orm, ach tá muga stáin crochta agam as mo mhála droma, claibín air chun é a fhuascailt ag na foinsí iomadúla uisce feadh na slí, agus tá foghlamtha agam conas stocaí a ní agus a chrochadh as an mála. Buataisí maithe Meindl fúm, iad gan a bheith róthrom. Táim ag siúl riamh. Níor dheineas aon traenáil ar leith don Camino ach na harda i nGleann Dá Loch a dhéanamh cúpla babhta.

Siúlaim romham i m'aonar, ach cuimhním ar chara amháin a bhí agam fadó agus mé i mo mhac léinn glas i gCorcaigh, agus ar na coir atá tugtha ag mo shaol le tamall de bhlianta. Ba é an cara sin, Breandán Mac Suibhne, a bhí an-tugtha do shaíocht na Spáinnise chomh maith leis an nGaeilge. Tá dán ag Breandán i gceann de na cnuasaigh Ghaeilge *Nuafhilí*, a chuir an Gúm amach fadó, agus Béalghrád luaite ann. Bhí Béalghrád coimhthíoch agus an-fhada ó bhaile sna 1970idí. Ba é ba thúisce a luaigh saothar Gabriel Garcia Marquez liom, agus *Cien años de soledad* go sonrach. Bhí na filí Spáinneacha agus Spáinnise as Meiriceá Theas, léite agus á léamh aige. Pé brainsí a d'fhás litríocht na Gaeilge an tráth úd agus an bús fúinn, bhí síneadh idirnáisiúnta faoi chuid acu; go deimhin shíneadar i ngach treo. Ceann de na sraitheanna leabhar ba mhó a d'fhág a rian orm féin riamh ag an am, *Penguin Modern European Poets*, thug sé roinnt de na filí ba mhó as oirthear na hEorpa agus a thuilleadh ó Aontas na Sóivéide ag an am faoi sholas an lae sna haistriúcháin Bhéarla. Is cuimhin liom Brodsky. Tá Machado agus Jiménez – *Selected Poems* – ón tsraith chéanna, i mo phaca leis. Thug mo chroí léim áthais chomhaitheantais lá, nuair a chonac gur thug Machado *la tierra de su alma* – 'dúthaigh anama' – ar cheantar thart ar abhainn an Duero.

Ní raibh sé i ndán do Bhreandán, a bhí níos leochailí ná mar a thuigeamar, teacht as pé guais nó guairneán mothálach go raibh sé sáinnithe ann, agus cuireadh i dtigh na ngealt i gCorcaigh é. Bhí an áit sin uafar, ag an am, is cuimhin liom go maith é, agus gan an chóiríocht phionósach sin tuillte ag othar uasal dá leithéid. Chuir an foirgneamh Gotach ón taobh istigh, radharc as scannán uafáis i gcuimhne dhom, *The Fall of the House of Usher* nó a leithéid. Cailleadh Breandán tamall maith ó shin anois.

Is le tamall beag de bhlianta a chasas féin i dtreo na Spáinnise, tar éis dul le Fraincis ó thús, agus braithim dáimh i bhfad níos mó leis an Spáinn anois ná mar a bhraitheas le fada le litríocht na Fraince féin, seachas litríocht na Fraincise san Afraic agus sa Mhuir Chairib. Tá an Spáinn ag rith inár gcuid fola féin. Tá ár leath íochtarach, Ibéarach, splanctha ag an *flamenco*! Lasfadh *Caoineadh Airt Uí Laoghaire* Andalucia féin, ach é a léiriú mar rince drámata le ceol.

Siúlaim romham, suas an Alto, síos le fána agus ar aghaidh trí Viskarreta mar a mbíonn sos gairid agam i gcaifé faoi scáth ón mbrothall. Tá cruabholg orm cheana féin ón *jamon*. Deinim faillí san uisce a ól, agus tagann sé i mo choinne. Tagaim chugam féin agus buailim ar aghaidh suas go réidh in aghaidh an aird arís thar Paso do Roldán, ár seanchara Roland gur dheineamar staidéar air sna *Chansons de Gestes*. Braithim uaim an maide a thugas don Meicsiceach anois ag gabháil síos le fána choille tar éis an Alto de Erro, agus bainim amach an seandroichead ag síneadh thar an abhainn ag imeall Zubiri. Tá sé thart ar a trí a chlog. Buailim fúm ar feadh scathaimh. Imíonn daoine tharam isteach. Stopann Francach fir as ceantar Toulouse, agus deinimid dreas cainte. Is breá liom tuin an deiscirt aige. 'Cén pholaitíocht atá agat?' a d'fhiafraigh taidhleoir Francach díom uair i mBaile Átha Cliath. 'Ón deisceart mé, in Éirinn.' 'Á, is *sudiste* tú!'

Tá fear Toulouse ag feitheamh lena bhean chéile atá ina dhiaidh anoir. Táid beirt ag siúl ó Le Puy sa Fhrainc, agus iad ag dul an tslí ar fad. Beidh cluiche rugbaí idir Éire agus an Fhrainc ann ceann de na laethanta, agus deinimid socrú féachaint air i dteannta a chéile má tharlaíonn.

Tar éis sracfhéachaint a thabhairt ar Zubiri, beartaím bualadh ar aghaidh. Breis bheag agus 5 km atá Larrasoaña, agus *albergue* an bhaile ann. Tá tionscal mór, Magnesitas Navarras, ag síneadh leis an gconair siúil, agus pé neamh-mheabhair a thagann orm, téim amú isteach sa chairéal. Is ait liom an bealach a bheith ag gabháil tríd, é garbh smúitiúil, gan éinne i mo dhiaidh ná romham. Léimeann tiománaí leoraí amach chugam agus treoraíonn ar ais mé. Tá tuirse orm i gan fhios dom féin. Bhraitheas ag an droichead é. Nílim an-fhada amú, ach fós féin. Conair leathan siúil is ea anois í, réidh agus le fána bhog ar uaire, idir toir agus clathacha, mar a bheadh duine ag siúl i gceantar ciúin tuaithe in iarthar Chorcaí. Gabhann an chonair thar chúlbhóithre ó am go ham, agus ansin cad a bhíonn, ach fear agus bean óg ag gabháil tharam ar muin capaill. Braithim uaibhreas *caballero* ag baint le mo dhuine ar an each, é stáidiúil, colgdhíreach. Dá nochtfadh sé claíomh, ní bheadh aon ionadh orm. Tuigim cumhacht eachra den chéad uair, i mo shamhlaíocht.

Níl fonn anois orm ach ceann scríbe an lae a bhaint amach. Siúlann duine a oiread ina cheann agus a dheineann ina ghéaga. Is iad na ciliméadair is déine sa ló iad, agus an bhreis curtha leo. Is beag duine eile atá ar an gconair, ach cloisim buillí coisíochta laistiar tar éis tamaill. Ní fhéachaim siar. Tionlacan gan aithne is ea é, agus an chonair cuibheasach cúng. Ní ghabhann an duine eile tharam. Siúlaimid i dteannta a chéile gan aithne ar a chéile. Comhrithim chomhshiúil. Comhshiúl comhrithimiúil.

Faoiseamh agus áthas orm nuair a thugaim mo phas don gcailín san *albergue* in Larrasoaña. Baile breá ciúin faoi sholas an tráthnóna, agus an *albergue* sciomartha glan. Tá sé saor, agus tá buncanna in airde staighre. Roghnaím leaba ag bun an tseomra, gan éinne thart. Raghad sa chith ar ball. Caithfead síneadh siar. Bainim díom go dtí mo dhrárs, agus sínim amach. Caithim braillín páipéir agus pluid tí anuas orm.

Cad a bheadh, ar an leaba taobh liom, ach brat Chiarraí. Mura bhfuil mearbhall glan orm ón lá.

Níl ná é, an Ríocht a bhuachaill, tar éis cos a chur i dtaca in Navarra. Níl éaló ar bith uathu.

Deinim dreas codlata …

'*Bed-bugs*,' a chloisim ar dhúiseacht dom.

Bean ard láidir faoi fholt fada bán, spéaclaí uirthi, agus í ag siosadh orm: '*Bed-bugs* a deirim leat,' agus í ag pointeáil ar charn pluideanna taobh léi, 'tá siad ag preabarnaigh istigh sa charn. Íosfaidh siad tú. Ní féidir iad a ruaigeadh.'

Preabaim amach as an leaba de gheit.

'Cuir ort rud éigin, níl ort ach drárs.'

Caithim uaim an blaincéad ar an gcarn, agus leathaim amach mo mhála codlata féin. Cuirim orm ball éadaigh.

'Nóra Murphy is ainm domsa as Ciarraí Thuaidh,' ar sí ag ainmniú baile áirithe.

Cuirim mé féin in aithne di.

'Tá Gaeilge agat, mar sin.'

'Tá go deimhin.'

'Is é Dia féin a sheol chugam tú, agus mé ar an Camino i m'aonar. Bhí mo chairde ar fad á rá liom go rabhas gan chiall agus teacht anseo i m'aonar, ach féach anois, gur leaindeáil Corcaíoch sa leaba taobh liom. Féach é sin anois.'

'D'aithníos an brat, ar ndóin.'

'D'aithnís go maith é agus seanaithne agat air. Táim ag tnúth leis na Dubs a bhualadh ar an Domhnach. Ghlanamar sibhse den pháirc gan aon stró.'

'Caithfead mé féin a ní.'

'B'fhearra dhuit é, a chroí, agus na *bed-bugs* a mhúchadh.'

'Níor bhraitheas in aon chor iad.'

'Ní bhraithfeá iad go ceann cúpla lá. D'fhágfaidís gan anam tú. Téir faoin uisce agus tabhair beiriú maith dhóibh … tá béile oilithreach thíos faoin mbaile, raghaimid i dteannta a chéile ann. Buailfead leat ar leathuair tar éis a seacht thíos staighre.'

'Tá go maith.'

Ag teacht amach as an gcith dom, sa seomra aíochta, buaileann bean óg bleid orm, í ag stánadh orm mar a bheadh taibhse feicthe aici.

'Is tú a bhí ag coisíocht romham inniu. Bhíos ag féachaint ort ón gcúl. Fear sna daichidí a cheapas ar do cholpaí agus do ghéaga. Tá tú i bhfad níos sine ná sin. Ar d'aghaidh.'

Petra, Gearmánach.

Stadas tamaillín ag caint. Níl sí go maith inti féin, pé rud atá uirthi.

Ba chuma liom, ach bhíos glanbhearrtha ag teacht as an gcith.

Ní féidir an aois a bhearradh den aghaidh.

An teallaire.

5. Larrasoaña – Pamplona/ Iruñea

16 Meán Fómhair

Tá arm agam chun daoine a chur ó dhoras. Anois a thuigim é. Mo pheann. Ní dhruideann daoine i mo leith má tá an peann i mo lámh. Chaitheas uaim an peann luaidhe. Ní raibh ag éirí liom mo scríbhneoireacht a léamh. Bheireas ar an bpeann tobair. Ní harm faobhair go peann tobair.

Níl aon deabhadh inniu orainn. Níl ach breis agus 15 km le déanamh go Pamplona, arda beaga, síneadh le habhainn, an Río Arga, agus talamh réidh isteach sa chathair féin. Fonn ar bhean Chiarraí – riachtanas é ina cás sise – turas a thabhairt ar *oratorio* San Esteban atá ar an tslí ach dreapadh chuige. Táim sásta luí isteach lena cuid mianta, ar feadh an lae, pé scéal é.

Bean chráifeach í. Beirt deartháir léi ina sagairt. Luíonn an chráifeacht Éireannach sin go héadrom uirthi. Tá sé chomh dlúth inti, áfach, go dtitfeadh sí as a chéile dá mbainfí aisti é. Chuir sí téacs go dtí na sagairt á rá leo gur bhuail sí liom. Tá sí roinnt bheag blianta níos sine ná mé féin, agus an-mhisneach aici. Samhlaím a cuid cráifeachta le múnla mhuintir mo mháthar féin. An tigh feirme úd ar chrosaire Shliabh Eoghain, áit na muintire, fáiscthe idir Maigh Chromtha, Inse Geimhleach, agus Inis Céin. Tigh mór scoraíochta tráth den saol, agus mé féin ar díbirt ann as cathair Chorcaí. Sárlíne úd John Montague a ritheann liom: '*Like dolmens round my childhood, the old people.*' Corraíonn an líne anois mé, á comhshamhlú le mo mhuintir féin is mé i gcéin. Pobal Caitliceach, coimeádach, náisiúnach, tuaithe, a bhí lán de ghreann, de cheol, de sheanchas. Níor bhraitheas aon ghangaid iontu, mura rabhas ró-óg chun é a thabhairt liom. Bheadh a leithéid de phobal glanta chun siúil de dhroim na cruinne ag Stalin – na *kulaks*. Ghlan leis. Bhí deacracht agam féin leis an gcúlra sin tráth – ar thuiscint dom cad as mé le ceart – agus chreideas go gcaithfinn gortghlanadh a dhéanamh air i mo shlí shuarach stailíneach féin. Thart ar an am a bhíos ar an ollscoil, agus a nocht saol fairsing na hintleachta domhanda chugam, mar a mheasas. Ach d'oibríos tríd, agus táim ar mo shuaimhneas le fada riamh leis. Thóg sé tamall fada orm bogadh amach as an bparlús tuaithe úd, go deimhin, agus an scannán ag síor-rith i m'aigne. Ceann de na cáilíochtaí a thuigim anois leis an saol cultúrtha úd – leis an gcomhthalán fuinniúil fuinte i nath an Chadhnaigh – go raibh mná an-ard i réim ann. Sa tigh. Braithim go dtuigfeadh Rosalía de Castro ar an toirt cá raibh sí, i gcistin agus i gcúlchistin an tí úd. An ndíbreofaí í, an bhfaigheadh sí bata agus bóthar amach as? Táim ag faire ar aintín de mo chuid, seanchaí agus scéalaí, leis na blianta, agus tugaim faoi deara go n-insíonn a cuid scéalta í féin a oiread agus a insíonn sí féin iad. Gabhann a cuid seanchais seilbh ar a creat – mar a bholgann gaoth ón aird chóir seol ar bhád – líonann, agus gluaiseann agus cruinníonn luas, maolaíonn, agus gluaiseann arís. Bheadh sé fíordheacair breith air sin ar scannán. Ní mór a bheith i láthair an scéalaí, ina corp. Conas eile a gheofaí an boladh?

Suas le 4 km atá Zuriain uainn as Larrasoaña, le hais na habhann. In aghaidh an aird go réidh, i dtosach, amach as an sráidbhaile, síos agus suas agus síos arís isteach sa sráidbhaile. Ar a imeall atá caifé La Parada agus glór na habhann ag seimint dúinn sa ghairdín amuigh. Lá breá eile. Níl aon strus siúil inniu orm, ach bíonn orm maolú ar mo choisíocht chun bheith ar aon bhuille le Nóra Murphy. Tá géaga móra fada fúithi agus í lúfar go leor, ach bíonn uirthi cúram a dhéanamh chun a coisíocht a choimeád le fána, go háirithe sna háiteanna boga faoi dhuilliúr.

'Nach bhfuil "bealach" de bhur gcuid féin agaibh i gCiarraí?'

'Ná bí ag caint. Fuaireamar airgead mór ó Chlár Leader chun bealach a dhéanamh, ach tar éis dúinn na pleananna ar fad a dhréachtadh, cruinnithe a ghlaoch, an scéal a chur trí chéile, ní bhfuaireamar cead ó chuid de na feirmeoirí. Ní raibh an cúiteamh maith a ndóthain dóibh. Saint. Saint ghlan.'

'Bheadh sé deacair bheith chomh maith leis an Camino de Santiago. €10 ar leaba na hoíche. Cúig déag nó faoina bhun ar do dhinnéar san oíche. Aimsir bhreá, ag brath ar an am de bhliain.'

'Bhí na B&B's glan ina choinne chomh maith.'

'Shiúlas féin cuid de shlí i gCiarraí – bóthar an ime – agus bhí innealra agus putóga tarracóirí sa tslí orm in áit amháin, pluda go glúin in áiteanna eile, gluaisteáin ag bearradh na gcluas díom ar chuid de na bóithre.'

'Fós féin, tá siúlta breátha ann, amach ó Moll's Gap agus ar aghaidh go Gleann Beithe.'

'Tá. Is cuimhin liom seanchas ó Uíbh Ráthach ar bhóthar an ime, an turas achrannach úd le feircíní chun an mhargaidh i gCorcaigh. Camino an Ime, más maith leat. Go leor, leor seanchais ina thaobh, ach é imithe gan aird. Imithe le gaoth.'

'Buailfimid bóthar.'

Insíonn sí scéal a beatha dom agus sinn ag siúl, na blianta a thug sí thar lear ag obair, mar a chuir sí a céad fhear céile, agus í athphósta anois in Éirinn. Tá an fear céile le teacht go Santiago nuair a bheidh deireadh déanta aici. Tá spreang sa bhean seo, agus í lán d'anam. Insím di scéal Rosalía de Castro, gur iníon le sagart í, agus gáireann sí.

'Cuid acusan, a chroí, is measa iad ná pocáin sléibhe.'

Pinsean aici ón tréimhse thar lear, agus cearta sa tseirbhís sláinte, téann sí ann ó am go chéile chun cóiríocht a fháil dá cnámha, agus dul faoi scian uair. Tuigim go hobann, ceann de thréithe an Camino. Cluas na héisteachta a thabhairt don duine eile. Mionchúrsaí an tsaoil. Cá bhfaigheadh duine éisteacht?

Tá rogha ann ar an mbealach, gabhal chun déanamh ar an *oratorio* in San Estaban nó siúl ar aghaidh, agus dreapaimid an chonair choille ina threo. Aireagal beag gleoite is ea é ar an ard, agus buíon bhan rialta ina bhun. Tugann siad bheith istigh do mhná óga, a deir an bhean rialta ag an doras liom. Stampálaim mo phas agus tugaim síntiús di. Cuid de na mná rialta seo, bíonn cuma shéimh mhánla naofa orthu, ach bíonn siad cruaidh, righin faoin aibíd. Ní mór a

bheith chun gnó a riar. Téann Nóra i mbun a cuid paidreoireachta. Tugaim tamaillín istigh agus buailim amach. Suím faoi scáth na gcrann, agus bainim taitneamh as tudóigín, ceann de mo pheacaí i gcónaí. Is breá liom bheith ag teacht i gcóngar cathrach. Cloistear glór na mbeach timpeall ar an gcruiceog. Carranna ag rás thar bráid ar an mórbhealach thíos. Níl Pamplona an-mhór, agus tá fallaí daingeana cosanta mórthimpeall an tseanbhaile. Corraíl éigin pholaitiúil ann an aimsir seo, de réir mar a chonac i gceann de na nuachtáin, agus méara den eite chlé Bhascach tofa den chéad uair le fada inti.

Chac na poblachtánaigh ina leaba féin, gan aon agó, aimsir Chogadh Cathartha na Spáinne nuair a dheineadar sléacht ar an gcléir. Stailíneachas arís agus mórán stailíní ag réabadh leo. Leabhar Hugh Thomas ar an gCogadh Catharrtha léite agam i bhfad siar. Bhíos i mo chraoltóir glas nuair a cailleadh Franco in 1975. Bhí an seandiabhal buí sciobtha ar deireadh. An teilifís, dubh is bán, ón Spáinn an uair úd. Na pictiúirí den tsochraid ag teacht isteach sa seomra Eoraifíse mar a bhí ag an am, agus an chuma ar na hollsluaite i Maidrid go raibh na milliúin i láthair. Chasas go dtí fear teicniúil taobh liom. 'An bhfuil aon áireamh ar na sluaite sin?' a d'fhiafraíos de. 'Sin é an *crush effect* leis an gceamara,' ar sé, 'teicníc chun líon na ndaoine a ollmhéadú. Cuireann an fócasú a dheintear leis na lionsaí speisialta cuma na milliún air.' Mhair greim an *Caudillo* ar phropaganda an cheamara i ndiaidh a bháis féin. Gailíseach é féin, leis, ar ndóigh, as Ferrol. Léigh mé leabhar Cees Nootebaum, an scríbhneoir mór Dúitseach ar an Camino leis, *Roads to Santiago*, ach tá saineolas aige ar ealaín agus ailtireacht na Spáinne, rud nach bhfuil agam féin ná baol air. I gcarr a bhí Nootebaum, ag máinneáil thart sa Spáinn, agus ag fanacht in óstáin Parador a cuireadh ar bun aimsir Franco. Ní rabhas féin i Maidrid go fóill, agus níl ionam ach coileáinín gadhair sna sála ar an *mastiff* Dúitseach. Fós, déanfad mo chuid. Conas nár fhág aon oilithreach Gaelach, siar amach, aon chuntas – ná tagairt dó go bhfios dom – ar thuras San Séamas? Fiú i Laidin. Gan na muiríní ar leacacha nó sna huaigheanna a bhac. An té a raghadh ar an Camino, seans nach é is mó a bheadh oilte ar an bpeann, agus ní raibh aon *scriptorium* siúil an uair sin ann. Fós, gheobhaidís an deis ar fhilleadh abhaile dóibh. Ní cuimhin liom anois cén cur chuige a bhí ag Tadhg Ó Cianáin, cé go gcaithfead a rá go bhfuil a chuntas ar na hIarlaí tur agus leamh go maith in áiteanna.

Is é an citeal á chasadh leis an gcorcán é.

Deir Nóra liom agus sinn i mbun siúil an athuair go bhfuil sé ina ceann, geábh lae a thabhairt ar Gernika amáireach. 'Ó, an bhfuil spéis agat i gcanbhás mór Picasso tar éis an áir ón aer?' a fhiafraím di. Deir sí nár chuala sí trácht air, ach go bhfuil séipéal suntasach i gcathair na mBascach gur mhaith léi turas a thabhairt air. Sa Museo Reina Sofia i Maidrid atá canbhás Picasso, pé scéal é.

Deirim liom féin go gcaithfear Pamplona a bhaint amach gan aon mhoill eile a dhéanamh. Leanaimid orainn go himeall na cathrach, tríd an bpáirc le hais na habhann, isteach sa chathair, agus is gearr uainn cúrsa busanna. Níl fonn orm féin a bheith ag lodairt trí bhruachbhailte, agus deirim gurbh fhearr dul ar an mbus isteach go dtí an lár. Chuige sin atá busanna cathrach ann.

Léimimid ar bhus, agus taispeánann an tiománaí dúinn an stad chun éirí amach.

'Míle buíochas leat,' a deir sí féin, 'ní bheadh sé de mhisneach agam go deo dul ar an mbus. Agus táim craptha ag na daitheacha.'

Tá sé luath go maith fós san iarnóin, agus bainimid leaba na hoíche amach san *albergue* mór baile. Socraím féin isteach i mbunc in airde, agus í féin fúm.

'Buailfead leat i gceann tamaill,' a deirim léi, 'agus caithfimid bia éigin faoin mbaile.'

Buailim amach dom féin, ag máinneáil.

Braithim traochta inniu, ar chúis éigin, agus caithim síneadh siar i lár an tráthnóna. Tuirse aigne. Tá an *albergue* seo ar chuma stáisiún traenach, athchóiriú as an nua ar sheanfhoirgneamh. Tá urlár gloine os mo chionn.

Gabhann boinn na gcos thar bráid os mo chionn. Boinn gan ghéaga. Boinn gan bhróga, nó bróga boga amháin. Bróga gan ghlór. Radharc ón talamh aníos ar bhoinn. Glórtha ó leapacha ar an leibhéal seo. Daoine ag sroichint. Tá an ghráin agam anois ar mo phaca droma. Ag póirseáil. Ag lorg mála níocháin in íochtar an mhála. Ag réabadh stuif amach, ag tóch stuif chun teacht ar stuif. Tugann sé laethanta campála leis na Gasóga chun cuimhne. Is geall le tréimhse fhada ghasógaíochta í seo. Gach saghas ainmhí duine meallta aige. Ollturasóireacht ghasógach. Gach cuma orthu. Orainn. An ramhar. An seang. An teann. An féasógach. An glanbhearrtha. Na handúiligh. Bean i nguais phósta. Fear a chaill a bhean. Lánúineacha ag ceiliúradh a gcaidrimh. Sinne ar fad, gach aon diabhal duine againn, an tréad caorach á aoireacht. Cad é féin, an Camino seo?

Is é an saol é, a dhuine.

Deinim dreas codlata agus púic orm.

Bainim amach bord ar an Plaza del Castillo dom féin tar éis éirí. Tugaim liom cnuasach Rosalía de Castro, agus breacaim dréacht uaithi.

Unha vez tiven un cravo
Bhí tráth go raibh tairne

Bhí tráth go raibh tairne
dingthe im chroí
is nach eol anois dom
an tairne óir, nó iarainn
nó de ghrá a bhí.
Ní heol dom ach an phian bheo
is go rabhas céasta aige
de ló agus d'oíche,

oiread le Maigdiléana
le linn na Páise.
'A Thiarna, tá an uile ní ar do chumas,'
a d'impíos tráth ar Dhia,
'tabhair dom an misneach
chun tairne dá mhianach a stoitheadh
in aon tarrac amháin.'
Agus thoiligh Dia leis agus stoitheas,
ach … cad déarfá leis?
níor bhraitheas an céasadh níos mó
ná níor bhraitheas aon phian ina dhiaidh.
Thuigeas gur folús amháin a bhraitheas
san áit inar neadaigh an tairne,
agus tá's agam … tá's agam,
an Dólás úd a shantaíos … a Dhia mhaith!
Tá an mheanma faoi fholach ag an truaill thalmhaí seo
is cé a thabharfaidh leis é, a Thiarna?

Is dócha gurbh fhéidir feabhas a chur air, ach fágaim é mar atá, amach as an oigheann. I nGailísis a scríobh sí an dán. '¡quen o entenderá, Señor!', an líne dheireanach sa bhundán. '*Who will grasp it, Lord!*' atá i mBéarla ag Smith. Tá '*entender*' gaolmhar leis an bhfocal '*entendre*' sa Fhraincis, agus leis an Spáinnis, i réim a bhrí, 'tuiscint', 'cloisint', agus mar sin de. Tá 'tuiscint' agus 'greim láimhe' ag baint le '*grasp*' i mBéarla. Tá 'tuiscint' agus 'ardaigh leat é' ag baint leis an leagan Gaeilge: 'An dtugann tú leat é?' 'An dtuigeann tú é?'

Is cé a thabharfaidh leis é, a Thiarna?

Sin é mar a chaitheann mo leithéidse a chuid ama.

Cuid mhór dár gcuid trioblóidí mar dhaoine, b'fhéidir, nach n-éiríonn linn taitneamh a thabhairt don saol, ná sásamh a bhaint as. Bhí Rosalía bhocht an-chráite. Dólásach. Cloisim an fhead chaol chéanna ón traidisiún Gaelach. Cine faoi chois.

Téim féin isteach sna cúlsráideanna faoin mbaile, mar a bhfuil na sluaite bailithe i mbun blaistíneacht *pinxos*. Saghas ealaíontóirí i bheith beo iad na Spáinnigh – más féidir Spáinnigh a thabhairt le ceart ar mhuintir Navarra i dTír na mBascach. Is breá liom luí isteach lena rithimí saolta. Is aoibhinn liom féasta súl na *pinxos* – *tapas*, na dathanna, an fhlúirse, an fhéile, an spleodar, ceiliúradh an bhia, agus an fhíona i gcás daoine eile.

Castar cuid de shiúlóirí an Camino orm, feadh na slí, ach liom féin is mó a bhím.

Tá sé in am níocháin agus soip arís.

6. Pamplona/Iruñea – Cirauqui/Zirauqui

17 Meán Fómhair

Sráidbhaile Óbanos. Tuairim is 3 km ó Puenta la Reina. Suite ar bhinse. Leoithne bhog ann. An ghrian gan a bheith róthe. Suaimhneas agam i gciúnas an tsráidbhaile. Tráth sosa na hiarnóna ag na Bascaigh. Is iontach na daoine iad, buillí oibre idir na sosanna agus a shaincháilíocht féin ag gach sos acu.

Tá an sráidbhaile féin ag brionglóidigh. Cogarnaíl ag na tithe agus ag na fallaí lena chéile. Daingean gach tigh. Dúthaigh bhreá mhéith Navarra. I dtábhairne aréir, agus trácht éigin ar bun ar neamhspleáchas do na Bascaigh, arsa an freastalaí ag an gcuntar liom: 'Neamhspleáchas do Navarra ar dtús, más ea.' Neamhspleáchas do Dheasmhumhan, anois láithreach!

Rith líne liom ar maidin i dtaobh na n-oilithreach. Nótaí ceoil iad ag lorg rithime. N'fheadar cad as ar tháinig sé, cén bhrí go díreach atá leis. Is cuma anois.

Nuair a d'fhágas Pamplona ar maidin ar leathuair tar éis a seacht, bhí bean Chiarraí imithe go Bilbao agus ar aghaidh go Gernika. Déarfainn gur dhúisíos luath í. Miotal éadrom a bhí sna buncanna, cabhail Lego, agus chroith an t-iomlán nuair a dhreapas síos ón mbunc in airde. Chas sí féin sa leaba, lig gnúsacht aisti agus mo ghéaga ag gabháil thairsti.

Ar sí, agus í ag imeacht, nuair a dhúisíos an athuair roimh a seacht.

'Thit do chodladh ort go sámh tar éis duit teacht ón leithreas.'

Bhailigh sí léi. Chuirfeadh sí téacs fóin chugam.

Bhuaileas leis an triúr Eilvéiseach – na trí mhuc baincéireachta! – i lár Pamplona agus mé ag ól caife. Chuireas díom i m'aonar, agus dúrt leo go gcasfaí ar a chéile sinn níos déanaí. Theastaigh uaim bheith i m'aonar agus leanas na comharthaí muiríní feadh na talún amach as an mbaile. An lá ag gealadh, daoine ag triall ar an saol oibre, oilithrigh ina strillíní amach. Bhí agam. An chéad rud eile, chuala 'Irishman,' á scairteadh ag soilse tráchta. Lámh sínte. Attila an Hun-gháireach. Cad a bhí le déanamh, ach bheith i dteannta a chéile?

An luas céanna siúil fúinn, cuibheasach tapaidh, gan a bheith ina shodar, ach buillí fuinniúla, saothar beag in aghaidh an aird i dtreo na muilte gaoithe ar ard an Perdón. Bhíos anseo cheana, agus doicheall orm. Níl inniu. Cuireann Attila an nath a chuala fadó ag Michael Noonan, an polaiteoir, 'bean an leanna's *dog*' i gcuimhne dom. Is é sin go siúlann sé smut den bhóthar le gach duine. Gadhar bhean an leanna é Attila, agus ní le tarcaisne a deirim é, ach le gean. Sínim rud éigin le hithe chuige, agus tógann. Tá sé sásta. Ceannaím caife agus cognac dó – sea, cognac – nuair a stadaimid timpeall a deich i mbeár roimh an ard. Ól é sin anois, a bhuachaill! Tá sé ina thurbó-ghadhar tar éis an cognac. Dhá fhocal nó trí a bhíonn sna habairtí aige. Brúnn sé amach iad, mar a bheadh cruabholg air. '*Stone in shoe.*' Sceamh éigin i nGearmáinis, Ungáiris, Béarla, Mungáiris. Tá acmhainn grinn ann agus é ag seasamh ar Alto del Perdón, ag cur strainc air féin leis na dealbha miotail, agus sara mbogaimid linn le fána síos ní dhearmadann sé clocha a chur le carn na hoilithreachta. Ní féidir aon chomhrá ceart a dhéanamh, ach éiríonn liom a fháil amach go bhfuil cara mná aige ar theorainn Seirbia agus na hUngáire, agus go dtéann sé ag rothaíocht 220 km ó Budapest ag cúirtéireacht. 'Diail an dáir é. Beirt mhac aige, gan gharchlann, oibríonn sé le daoine óga ina chathair dhúchais. Ní chuireann a chomhluadar aon strus orm, agus táim éirithe ceanúil air. Stopaimid arís tar éis cúpla uair an chloig i gcaifé, agus bainim díom mo stocaí. An dá phéire caite agam anois, ach tá drárs glan amháin agam ar a laghad. Sin tíos duit a sheanbhuachaill. Stad réasúnta fada anseo, agus mo chosa nochtaithe faoin aer, ag fuarú. Bíonn siad beirithe ag teacht as na stocaí.

Táimid réidh. Ag siúl amach an geata, nochtann an bhean óg Ghearmánach, Petra. Fáiscimid a chéile. Bhí sí féin agus Attila san *albergue* céanna aréir, ceann maith de réir a thuairisce, á rith ag Gearmánaigh do Ghearmánaigh is mó. Níl Petra chomh suaite inniu agus a bhí. Tugaim balsam liopaí di. Tá sí spridiúil. Bíonn an-gháire againn tamall den tslí – cuid de gáirsiúil – agus péacanna dá chuid féin ag Attila ann. Bíonn sé ar a shocracht le Gearmánaigh. Deirimse cúpla amhrán.

Ó cheantar Gdansk sa Pholainn a tháinig máthair chríonna Petra in 1942 agus lonnaigh sí in Thüringen. Ansin a tógadh í féin, san Oir-Ghearmáin a bhí, agus is ann atá a muintir. Thug slí bheatha mar ailtire í go Karlsruhe, 440 km ó bhaile. Tá sí ag casadh leis an ngrúpa siúlóide aici ag seanséipéal éigin, ar an taobh seo de Puenta la Reina agus scaoilim léi sa sráidbhaile. Tá fonn orm féin bualadh ar aghaidh, ach tá rud éigin ina cheann, nó ina bholg nó i mball eile dá chorp ag Attila, agus leanann sé Petra i dtreo an tearmainn don Mhaighdean Mhuire. Sea, cad a dhéanfadh gadhar bhean an leanna, ach imeacht ina teannta. Is maith é an cognac, agus an caife in éineacht, agus an tarna ceann caite siar aige ó chianaibh.

Seo anois liom féin arís chun bóthair agus trí bhuille an chloig buailte ag séipéal shráidbhaile Óbanos. Faoiseamh é siúl i m'aonar gan labhairt le héinne. Tuigim go gcaithfead dul thar Puenta La Reina chun fanacht chun tosaigh ar na dreamanna ar mo chúl. Bhíos in Puenta La Reina cheana agus b'fhearr liom bualadh ar aghaidh pé scéal é, fiú mura bhfuil ann ach  roinnt ciliméadar. Tá eireaball fada ar Puenta La Reina, ón taobh seo, agus tá roinnt siúlóirí sínte faoin ngrian cheana féin i ngairdín cois abhann. Chuirfidís fonn ort. Táim faillíoch in ól an uisce, braithim an triomach i mo bhéal, ach tá scairdeán i lár plásóige ann agus líonaim mo mhuga stáin. Coimeádann an muga comhluadar liom ag cnagadh ó thaobh taobh agus mé ag imeacht – ar chuma na ngabhar. 'Aithnímid tú ar jeaingleáil do chupa, agus cloisimid ag teacht tú,' arsa duine amháin liom cheana ag teacht anuas ó Alto del Perdón. Tá na chéad chaora finiúna feicthe ag fás inniu agam, agus ambaiste, stoitheas crobh díobh tráth amháin.

Siúlaim liom tríd an mbaile, an phríomhshráid chúng faoi scáth na bhfoirgneamh ard ón dá thaobh. Fógra d'fhisiteiripe cos i bhfuinneog amháin – *Offerta* d'oilithrigh.

Tógaim sos tamall ag an seandroichead os cionn na habhann, go bhfuil an baile ainmnithe ina dhiaidh. Cuimhním ar abhainn mo sheanbhaile, agus mé ag stánadh sa sruth glas.

Buaileann lánúin an treo, iad ábhairín chun feola, agus leathchloíte. Beannaímid dá chéile. Aithnímid láithreach gur Corcaígh sinn triúr – an gheáits chathrach sin os cionn abhann. Triúr cathróirí ar dhroichead Puenta La Reina ag stánadh sa Laoi. Tá siadsan ag triall ar *albergue* tamall beag ar aghaidh, agus linn snámha ann a deir siad. Tá cathú mór orm dul ina dteannta ach fágaim slán leo agus buailim liom, trasna príomhbhóthair agus an siúl ag síneadh cois abhann ar an gconair. Tá mo sprioc 5 km romham. Tagann anam arís i mo choisíocht agus an cinneadh déanta. Tá na fíonghoirt níos flúirsí anseo, agus ard géar romham le hais an bhóthair mhóir trí choill scáinte ghiúise ón dá thaobh. Fonn mór orm leaba agus cith agus béile a bhaint amach. Faobhar ar an ngoile – is diail an tiomáint é. Is maith liom an chuma atá ar an sráidbhaile, Mañeru, romham, é ciúin agus dea-leagan amach ar na troscáin sráide, go háirithe nuair a chím géaga fada nochta mná ag síneadh ó bhinse sa scáth. Isteach liom san *albergue*. Lán amach. Tugtar uimhir *albergue* sa chéad bhaile eile dom, cuirim glaoch agus coimeádfaidh sí leaba dom. Dinnéar ar leathuair tar éis a seacht. Ba cheart go mbainfinn amach é in imeacht uair an chloig. 2.6 km. Áirím na deachúlacha ciliméadar anois.

Tá an siúl seo dian. Bíonn rithim dá chuid féin ag an lá: éirí, balcaisí a chur sa phaca agus imeacht tar éis níocháin agus bricfeasta uaireanta. Is féidir cupa caife a chaitheamh siar mar aon le *tostada* éigin, nó siúl ar bholg folamh go dtí an chéad bheár nó caifé ar an tslí. Faoi dheireadh an lae bíonn an ceann, gan na boinn a bhac, ag tnúth le ceann scríbe. Géaraíonn ar an gcoisíocht ag druidim le ceann scríbe, saghas ardú croí go bhfuil deireadh déanta don lá. Is féidir glaoch ar an bhfón agus triail a bhaint as áirithint, ach is minic nach mbíonn aon fhreagra sna *municipales* agus má fhreagraíonn féin, ní ghlacann le háirithint. Scéal eile na háiteanna príobháideacha. Nó óstáin, nó tithe aíochta.

Na fíonghoirt níos iomadúla ag druidim amach as Navarra agus siar i dtreo La Rioja agus Logroño.

Saghas miúna is ea an siúl, leis. Urnaí meanman.

Cleachtaím an mhiúin siúil go rialta.

Fiú 'miúin' nó 'miúin siúil' a rá go ciúin liom féin.

Is cuma liom fíonghoirt nó páirceanna dearga, ardáin nó ísleáin, ach Cirauqui/Zirauki a bhaint amach. Cloisim buillí ceoil ón sráidbhaile ar an ard agus mé tamall maith fós uaidh, agus ag teacht ina ghaobhar, scuabann triúr déagóirí, cailíní, anuas i ngluaisteán ar bhóthar cré, casann go tobann, léimeann amach, agus téann ag iarraidh fronda mór pailme nó a leithéid a bhaint. Níl ag éirí leo, téim ina dtreo agus tairgím mo scian póca dóibh. Saghas strainc orthu, ag stánadh orm. Bainim féin an chraobh dóibh.

'Cad 'tá ar bun?' a fhiafraím.

'*Fiesta.*'

'Cén *fiesta* é?'

'Féile an bhaile agus an phobail.'

Gabhann siad buíochas liom agus imíonn leo leis an gcraobh. Ní chuimhním in aon chor gurb ait an radharc an mac seo agus é ag siúl ina dtreo le scian, an lann nochtaithe agus salachar an bhóthair air féin ó bhaitheas go bonn.

Nuair a bhainim an Plaza faoi bhun na heaglaise amach, tá slua bailithe timpeall ar bhoird, deochanna caite siar, agus ceol agus rince faoi lánseol. Mná agus leanaí is mó, agus roinnt ógfhear.

Stadaim féin ag faire orthu agus slabhra rince ag na mná. Seo liom ag rince ina dteannta. Baineann an bhean mo phaca droma díom, agus tá tamall againn i mbun steipeadaíle. Gáire againn. Nár dhiail an teaspach é tar éis an lae, agus an t-anam teipthe ionam ó chianaibh.

Sa cheann a bhíonn an fonn.

Gloine uisce a chaitheamh siar agus bainim an *albergue* amach i bplás na heaglaise. Ní chuireann buillí cloig séipéil, ait le rá é, isteach ná amach orm i gcaitheamh na hoíche. Is dócha go mbaineann sé le rithim agus le ceol. 'Dá mbeidís múchta go deo,' a deir Rosalía de Castro, 'a leithéid de bhrón a bheadh ar an aer agus ar an spéir,'

> a leithéid de thost sna heaglaisí
> a leithéid d'iontas i measc na marbh.

Deirfiúr dom a chuireann bean an tí i gcuimhne dom, í croíúil, fáilteach agus acmhainn grinn inti. Socraím isteach – leathaim amach mo mhála codlata ar an mbunc in airde.

Le Francaigh a ithim dinnéar. Fear amháin a thagann déanach go dtí an bord, tá 48 km déanta aige a deir sé. Ní fheadar cad a dheineas féin, ach go maith faoina bhun. Mo dhuine seang, lom, gan unsa feola air, aghaidh an chú air. Iad ag caint eatarthu féin is mó, is ag trácht ar a chuid stocaí 'icebreaker' agus ar a chuid feistis is mó atá an Cú. Tá an béile blasta, ach b'fhearr liom go mbeadh sé thart agus mé bailithe liom.

Beirt taobh liom, ó cheantar Provence iad, deirfiúr agus deartháir, is cosúil. Tíriúil, talmhaí, a bhraithim, tá fiacla míchumtha ag gobadh i ngach treo ina dhrandal ag an bhfear. Bheidís oiriúnach do charachtar éigin in *Manon des Sources*, nó a leithéid. É féin a iompraíonn an mála don bheirt acu. Briseann ar m'fhoighne i lár ráig eile stocaí agus éadaí bóthair, agus – ag tagairt don mhála – deirim leis an mbean: 'Is dócha gurb in é is cúis leis an bhfuinneamh go léir chun cainte agat.'

Bainim gáire aisti pé scéal é.

Madraí agus an Camino atá chucu anois, os cionn bia; madraí agus siúlta agus conas iad féin a chosaint orthu. Fanaim go bhfuil an mhilseog ite agam. Éirím, gabhaim leithscéal – ta béasa boird ag Francaigh – agus cuirim díom.

'Cár fhoghlaimís do chuid Spáinnise?' a fhiafraíonn bean an tí díom agus mé ag íoc an bhille €22 ar leaba na hoíche agus dinnéar. Deirim léi nach bhfuil ach beagán agam, ach gur ó Mheicsicigh go deireanach a thugas liom rud éigin.

'Cloisim tuin Mheiriceá Theas ar do chaint.'

Gabhaim buíochas léi ó chroí. Tigh muinteartha é seo, gan aon agó.

Tá an *fiesta* faoi lánseol fós ar an bplásóg laistíos den eaglais agus is é an gnás sa tigh seo na soilse a mhúchadh ar a deich. Mochéirí is ea é gach lá. Tá sé ag báisteach orthu ag rangás, ach daoine spridiúla iad agus níl aon mhúchadh ar mheanma na hóige – cuidíonn an t-ól agus pé earra eile é, leo. Tagann fuacht orm féin amuigh agus bainim amach an leaba. Seomra idirnáisiúnta againn, Francaigh, Ostaraigh, agus a leithéid eile. Táim ag ullmhú chun léim in airde ar mo bhunc nuair a réabann bean isteach, agus í ardmheanmach. Gloine fíona aici.

'*No snoring up there, right?*'

'*Can't guarantee it,*' a deirim léi.

Níl aon mhála codlata aici ach cúpla giobal dá cuid féin le síneadh fúthu. Meiriceánach – Kate – a deir sí as Michigan.

Nuair a mhúchtar na soilse, cloisim an bheirt Fhrancach thall uaim, fir ar comhaois liom féin, ag cogarnaíl eatarthu féin. Ní rabhadar ag an mbéile. Ní hí an Fhraincis atá á labhairt acu faoi chlóca na doircheachta, ó leaba go chéile. Ar a dtuin dheisceartach Fhrancach – canúint cheolmhar a luíonn go héadrom ar mo chluas féin – thabharfainn an leabhar gur Bascais atá acu. Cuimhním ar dhán Michael Davitt – *Débhéascna*.

Téann an *fiesta* in éag leis na macallaí ó chlog na heaglaise, agus is fuirist dul sna néalta.

7. Cirauqui/Zirauqui – Los Arcos

18 Meán Fómhair

Gan é ina lá fós agus mé ar mo chois. Tá straigléirí an *fiesta* amuigh, an fuinneamh beagnach ídithe. Is breá leis na Spáinnigh a gcuid scairfeanna daite, an áit gurb as iad scríofa orthu, agus iad fós fáiscthe timpeall ar an muineál acu. Pé rud a dhéanfaidh siad, gan scaoileadh leis na *foulards*.

Téim le fána síos, agus is deacair teacht suas an athuair leis an Camino. Gabhaim trí na sráideanna cúnga, gan na comharthaí muiríní a bhac. Tá an treo agam i mo cheann – siar díreach. 'Ar aimsigh tú an tslí?' a chloisim aníos chugam. Kate an Meiriceánach atá ann, agus í ag ligean liú. Tagann bean óg de chuid na scléipe an treo agus cuirim tuairisc na slí. Thíos in íochtar an bhaile, a deir sí, ach níl na comharthaí ag teacht lena treoracha. Is cuma liom. Bailíonn Kate léi treo amháin, agus leanaimse mo shrón sa doircheacht. Tá an bóthar garbh go leor agus leanaim orm síos isteach ar chonair chúng. An tslí an-gharbh anois, gan solas agam, ach bainim áit amach go bhfuil rianta seansaoirseacht chloiche air. Conair phollta, seandroichead agus tamall in aghaidh an aird. Á, an seanbhóthar Rómhánach a chuimhním, de réir an treoirleabhair. Tá agam. É lán de scáthchruthanna púcaí sa doircheacht, cuireann sé griofadach orm. Ná bac púcaí, ach barrthuisle. Bogaim chun cinn nuair atá an bóthar corrach curtha díom agam. An chonair ag síneadh le hais an bhóthair mhóir tamall, agus ansin isteach taobh le fíonghoirt. Stadaim chun féachaint siar. Soilse an bhaile ina bponcanna solais, cuartha ar chuma an chorráin, an lá ag gealadh lastoir de. Déanfaidh sé lá breá, ar an spéir. Cuimhním an athuair ar an Meiriceánach agus buaileann iarracht – bheag – de chiontaíl mé. Ar cheart dom dul siar agus an tslí a thaispeáint di? Agus mé idir dhá chomhairle, chím chugam scáthchruth siúil. Ansin, béic.

'*Thanks for leaving my ass in the dust back there.*'

Deirim léi go rabhas ar tí casadh nuair a tháinig sí an treo.

'Bíonn na fir i gcónaí ag iarraidh teitheadh uaim, ach ní éiríonn leo.'

Bean nach bhfuil ard í, agus cochall anuas ar a ceann.

Siúlaimid i dteannta a chéile tamall. Braithim cuing an chomhluadair ormsa mar gheall ar an tréigean mochmhaidine.

Is gearr go dtagann beirt Fhrancach na hoíche aréir – na deisceartaigh chogarnaíle – suas linn. Muisteaiseanna tiubha orthu, locaí ar dhuine, agus plaitíní maola. Aithníonn siad an púca Meiriceánach, agus táim i m'fhear teanga eatarthu. Joseph duine acu, agus Jean-Claude an fear eile. Buailimid ceathrar ar aghaidh i dteannta a chéile, agus go deimhin féin, is Bascaigh iad atá ag dul chomh fada le Burgos. Fir stuama iad araon, atá ag fanúint sna *albergues* ar mo chuma féin, fir den scoth amach as an talamh agus an ithir dar díobh iad. Bascais, is ea, acu agus í á labhairt acu eatarthu mar chéadteanga. Ag caint le Jean-Claude is mó atáimse, agus an bheirt eile le chéile, go dtí go dtéann Kate ceangailte ionam ag iarraidh comhrá a dhéanamh le Joseph. Bhuaileadar cheana léi i séipéal ar ár gcúl. Canann Joseph an tAngélus i mBascais gach lá ag meán lae nó gairid dó i séipéal ar feadh na slí. Is fearr leo siúl i dteannta a chéile, tá an chuma orthu gur beirt deartháireacha iad ach ní hea, agus scaoileann siad faoi ar a luas fuinniúil féin.

Táim i dteannta Kate arís agus sinn ag siúl romhainn. Coisíocht lúfar, gan aon ard go fóill, go dtí go dtagaimid i dtreo Lorca. Ní heol dom aon bhaint idir an baile agus Gabriel Garcia. Chonac tagairt i gceann de na leabhair sheanda don uisce nimhneach sa sruth anseo a thabharfadh bás duine nó capaill. Stadaimid ansin ag caifé *albergue* agus ceol ard ag cnagadh an tí. Ba chuma liom ceol le dealramh. Tá airc orm féin agus bíonn bolgam *tortilla*, arán agus *jamón* agam ina theannta. Ní béas liom caife a ól sa bhaile ach níl dul as sa Spáinn.

Suíonn sí féin amuigh ag ithe a coda as mála, toitín aici agus caife.

Comhluadar breá í Kate ar feadh tamaillín. Is dócha gur prionsabal neamhscríte de chuid an Camino é go ndeineann tú cúram de do chomh-oilithreach. Ní fhágann tú san fhaopach í, pé ar domhan é.

Tá sí bliain is caoga d'aois agus sé bliana fichead caite aici le comhlacht eitleoireachta sna Stáit Aontaithe. Í singil, tá beirt chompánach fireann aici, a tigh féin agus peata de mhadra. Tá cuid mhór den domhan feicthe aici, toisc na heitiltí bheith in aisce, ar 'leataobh/*standby*', agus téann sí go Meicsiceo uair sa ráithe i gcaitheamh an gheimhridh go dtí na *playas.*

Tá acmhainn mhór grinn inti, agus í spridiúil, magúil. Í go breá ábalta ar aire a thabhairt di féin, ach gur sheol sí a mála codlata abhaile. Bhí sé róthoirtiúil le hiompar. Ceann beag éadrom agam féin.

Leanaimid orainn ag siúl, ag caint agus ag gáire go meán lae, go mbainimid Villatuarte amach. Séipéal mór eile ar an ard, tá fonn uirthi bualadh isteach. Tá an bheirt Bhascach istigh romhainn. Socraíonn Joseph an tAngélus a chanadh, agus deirimse leis go gcanfad féin an tÁr nAthair ina dhiaidh.

Gan ach fodhuine istigh, is aoibhinn ceol ar bith a dhéanamh in áit mar é. Bainim sásamh ar leith as an ócáidín, i mBascais agus i nGaeilge.

Tar éis lóin, castar ar a chéile arís sinn feadh na slí, agus sinn ag gabháil thar sheanbhean ag cnuasach cnónna. Táimid fós in Navarra, i dTír na mBascach, ach nuair a thriaileann Jean-Claude labhairt léi i mBascais ní thuigeann sí focal.

'Tuigeann sibh a chéile gan dua de ghnáth?' arsa mise.

'Tuigeann gan amhras, ach níl an Bhascais láidir in Navarra,' a deir Jean-Claude. 'Thart ar San Sebastian agus Bilbao is treise í. Cois cósta is laige í i dTír na mBascach sa Fhrainc. Isteach faoin dtír is láidre. Ach tá tóir ag an dream óg arís uirthi.'

'Is breá an baile é Bayonne,' a deirimse leis.

'Baiona m'fhoireann féin sa rugbaí,' ar sé, agus leanaimid orainn ag trácht ar rugbaí agus ar Munster go háirithe. Tá an Fhrainc lena céad chluiche i gCorn an Domhain a imirt in aghaidh na hIodáile an Satharn beag seo, agus teastaíonn uaidh féin bheith in Logroño chun é a fheiscint. Ba mhaith liom féin bheith ann don chluiche ceannais idir Baile Átha Cliath agus

Ciarraí ar an Domhnach, ach níl a fhios agam beo an mbeidh sé in aon tábhairne ar an mbaile.

Tá eolas ag Jean-Claude ar an bpeil Ghaelach, fiú ar Pháirc an Chrócaigh toisc gur imríodh rugbaí ann.

'Bhraitheas riamh,' ar sé, 'gur laochra ab ea imreoirí rugbaí na hÉireann, seachas sárimreoirí aonair lán de thalann.'

'A mhalairt de scéal ag na Francaigh, go minic,' ar mé, 'imreoirí aonair lán de scil agus talann ach gan iad tugtha le chéile ina bhfoirne den scoth.'

Caillimid radharc ar a chéile gan mhoill arís. Ag siúl le hais páirceanna crann olóige, almóinní uaireanta, agus na fíonghoirt ó am go ham.

Táim féin agus Kate le chéile san iarnóin, tar éis sos fada in Estella. Baile breá, *plaza* faoin ngrian agus áirsí sa scáth ina lár. An rogha, fanacht ann nó bualadh ar aghaidh níos sia. Ceann cúrsa lae é Estella, ach toisc go bhfuil níos lú ná céim lae déanta againn, tá fonn orainn beirt bualadh ar aghaidh. Ag dul go Burgos atá sí féin. Tá an teas ródhian chun tabhairt faoi ar a haon a chlog, agus fanaimid socair ar an *plaza*. Buailim féin timpeall an bhaile go dtí tigh dúchais duine de bhunaitheoirí páirtí náisiúnach Thír na mBascach agus ETA. Tá na bratacha ar foluain i gcónaí ann.

Ceannaím stuif chun mo bhuataisí a smearadh agus bruis bheag. Tá aire na mbróg ionam riamh, ó d'fhágadh m'athair ár mbróga snasta ar chéimeanna an staighre agus sinn inár leanaí. Nochtann íomhá na mbróg leanaí arís chugam i lár Estella.

Nuair a bhainim an *plaza* amach arís, tá an teas ag maolú ábhairín, agus fonn uirthi féin bogadh. An plean ná dul ar aghaidh go Villamayor de Monjardín, tuairim is 12 km ar an taobh seo de Los Arcos, ceann cúrsa eile aon lae. Nuair a bhainimid scairdeán an fhíona agus an uisce amach – in aisce atá – ag an *monasterio* tamall gairid tar éis Estella in Irache, líonann Kate a buidéal d'fhíon. Coimeádaim féin leis an uisce. Buailimid fúinn faoin scáth tamall chun cinn, agus socraímid glaoch ar *albergue* in Villamayor de Monjardín. Idir seo agus siúd, tá an dá áit ann lán, agus áit eile atá ródhaor a fhágaint gan triail.

Tá cos liom féin ataithe agus tinn a dhóthain ón siúl inné. Tógaim piolla frith-athlastach chun nach n-atfaidh sí breis. Níl sí tinn in aghaidh an aird, ait an rud é, ach ar an leibhéal agus le fána síos. Níl aon *albergue* luaite sna leabhair idir Villamayor agus Los Arcos, agus dá bhrí sin glaoim ar *hospaderia-albergue* sa sráidbhaile 2 km roimhe – Azqueta. Ní bheidh aon fhadhb le leaba na hoíche ann.

Fágaimid Irache ag déanamh ar Azqueta, agus an mhainistir ársa de chuid na mBeinidicteach lenár gcliathán. Dúnadh mar mhainistir í tríocha bliain ó shin. Déanfaidh sí óstán eile is dócha, ceann de na laethanta.

Siúlaimid linn, ag cadráil, trí na coillte giúise agus darach. Téann Kate ag baint figí le bean chríonna i sráidbhaile Azqueta, agus suímid á n-ithe tamall, úr ón gcrann. Cuirimid tuairisc an *hospaderia*, La Perla Negra, ach tá Kate míshásta leis an gcruth atá air. Dá mbeinn i m'aonar ba chuma liom. Tá sé garbh go leor, Gearmánaigh óga luite lasmuigh á ngrianadh féin agus ag ól beorach. Féachaimid sna seomraí agus ar na cóirithe leithris, agus beartaímid gan fanacht ann. Tá cuid de na hoilithrigh ag filleadh ó Villamayor de

Monjardín, agus an scéala acu go bhfuil gach tigh aíochta ann lán. Tá sé a cúig a chlog, tuairim is 13 km go dtí Los Arcos, agus le fírinne táim féin buailte. Siúlaim suas faoin mbaile agus cuirim tuairisc tacsaí. Deir bean liom nach bhfuil a leithéid ar an mbaile, ach deir mac léi go mbeidh bus ag teacht i gceann leathuaire. Níl ar an mbus ach cúpla euro. Buailimid fúinn ar bhinse ag feitheamh leis an mbus. Bíonn bolgam nó trí den bhfíon as an *fuente* in Irache aici féin. Suímid isteach nuair a stadann an bus, agus seo é an mac úd anuas an cnoc á fhógairt go raibh sí ar an tslí. Buíochas leis.

Táimid mar a bheadh leanaí ag sciotaíl le háthas ag imeacht sa bhus, cóiste breá aerga a dhuine, agus an tír ag imeacht thar bráid ar nós na gaoithe. Éirímid amach in Los Arcos, agus seo linn. Aimsímid *albergue*, fir agus mná ar deighilt ann. Seo isteach an bheirt Bhascach ón Fhrainc agus cuma chloíte orthu tar éis an tsiúil.

'Bhí a fhios againn,' arsa Jean-Claude liom, 'ón uair go raibh tú ag iarraidh an cluiche a fheiscint ar an Domhnach ná lagófá ar an iarracht.'

Níl sé de chorráiste ionam, ná d'umhlaíocht, a rá leis go bhfuaireas an bus cuid den tslí. Cad é an mhaith é a rá leis? Ach tuigim féin, ionam féin, nach bhfuil mo dhintiúirí oilithrigh saothraithe inniu agam. Fós, nuair a bheireann cruaidh ar an gcailligh caitheann sí rith – go dtí an bus!

Táim féin ina dteannta in aon seomra, agus leaba cheart amháin, seachas na buncanna, ann. Tairgím an leaba do Jean-Claude mar chúiteamh i gcalaois an bhus, agus tá sé sásta. Tá cloig ar bhoinn an fhir eile, agus a chosa faoi uisce fuar i mbáisín. Ní fada a bhímid ar ár suaimhneas, ná seo isteach ceathrar Ungárach sa mhullach orainn. Tá bóthar déanta acusan leis agus iad ag sianaíl agus ag osnaíl nuair a shíneann siad amach. Níl sásamh is mó sa saol tar éis an tsiúil, ná cith, agus mar chúiteamh eile i mo chalaois, scaoilim chun cinn iad i gcith na bhfear.

Bhíos ar an mbaile seo cheana le mo bhean chéile, an lá a maraíodh Bin-Laden go baileach – beirt bhan ón Fhrainc a thug an nuacht dúinn – agus ba chuimhin liom béile maith a fháil in Hotel Monaco ar an mbaile.

Tá *menu de pergrino* acu anocht leis, agus deirim leis an mbeirt Bhascach é. Seo romham istigh iad nuair a bhaineann Kate agus mé féin amach é. Tá €12 ar bhéile maith bia agus fíon agus uisce san áireamh. Anseo a bhuailimid le muintir na hÉireann agus beirt Albanach atá ag déanamh cuid den Camino, eagraithe ag comhlacht Éireannach. Tá cuma ghléasta, phioctha orthu tar éis an lae, seomra in óstán acu, agus an bagáiste tugtha ar aghaidh gach lá dóibh ag ceann de na seirbhísí iompair. Níl aon fhonn orainn labhairt le muintir na hÉireann ag bord thall, ach tá an bheirt Albanach taobh linn.

Níl aon chomórtas ann. Ní oireann córas ná cur chuige seachas a chéile don uile dhuine. Is gnó mór idirnáisiúnta é an Camino. Ní fios cad is fiú do gheilleagar thuaisceart na Spáinne é, ach níor dheacair na suimeanna a dhéanamh amach. Go hard os cionn 210,000 duine, Spáinnigh breis agus a leath, a fuair teistiméireacht Camino in Santiago anuraidh agus an bhliain roimhe. Más fiú le bean agus fear *albergue* a rith i sráidbhaile beag tuaithe, is teacht isteach suntasach go leor é go dtí tosach an gheimhridh.

Ní bhraithim go n-oireann an Camino do leagan amach intleachtúil, liobrálach, tuata an domhain Angla-Mheiriceánaigh, sa tráchtaireacht phoiblí ar aon nós. Tá lochtanna móra air, ar ndóigh, agus iadsan follasach – córas na dteistiméireachtaí agus na *sellos* – na stampaí ar do chárta ó áit go háit, an mhiotaseolaíocht a bhaineann leis, agus breis. Ach tá an rud ar fad bunaithe ar ionracas pearsanta. Tá roinnt mhaith daoine óga á dhéanamh anois, agus mura spéis leo beag ná mór gnéithe den stair ná den eaglais, cá bhfios cad a bhainfidh sé amach tráth éigin ina saol? Dúirt duine liom feadh na slí, go bhfuil cuid acu á dhéanamh anois le cur ar an CV.

Ceann de na spéiseanna atá agam féin ann, ná an fhaid a thógann an Camino Francés – an ceann atá á dhéanamh agam féin – idir tríocha a cúig agus daichead lá, agus an claochlú meoin is féidir a bhaint amach i gcaitheamh an ama sin. Níl an oiread sin spéise agam sa chúlbhrat staire – ná miotaseolaíoch – agus tá col agam leis an *matamoros* – maraitheoir Múrach – a ghabhann leis ó áit go háit, agus go dlúth le pearsa San Séamas féin. *Jihadach* Críostaí ab ea é féin aimsir an *Reconquista*. Macallaí láidre comhaimseartha ann. Ach cruthaíonn duine a Camino féin, lena shiúl. Gné na daonnachta mo spéis féin. An tuiscint agus an chomhthuiscint uaireanta, go bhfuilimid i bpáirt le chéile ó lá go lá, ag déanamh ar an sprioc chéanna, de shiúl na gcos, ag tabhairt cluas na héisteachta do scéalta a chéile, á dheimhniú lenár bpáirtíocht féin gur fiú ann sinn ar thalamh na cruinne seo, mura bhfuil i gceist ach síneadh láimhe chun dul thar fál, nó le fána gharbh. Is dócha go bhfuil a leithéid chéanna fíor i gclubanna siúlóirí. Gné bhreise is ea an oilithreacht, gur géilleadh í i gcumhacht éigin níos mó ná an duine, ar an gcuid is lú de, mura bhfuil ann ach géilleadh sa Camino féin. Tá braistint i mo dhlúth féin, riamh ó bhíos i mo gharsún, go mbaineann tréith 'shacraimintiúil' leis an saol. Anois ó chuimhním air, 'mianach claochlaitheach' is ea 'sacraimintiúil' leis, gan na sainghnéithe diaga agus riotuáil a bhac go fóill.

Tugaimid tamall i mbun comhrá os cionn béile leis an mbeirt Albanach, athair agus mac. An t-athair ag déanamh a leath den Camino agus an mac, seachtain. Duine breá réidh socair an t-athair, a thug tamall ag tabhairt cluas na héisteachta do dhaoine a déarfainn.

Agus an béile thart, cuirimid dínn tríd an seanbhaile, ar ais go dtí an *albergue*. É fionnuar anocht, ach na sluaite de mhuintir na háite amuigh ar an *plaza* beag os comhair an tséipéil. Spéis sa Spáinn féin agus ina cuid sainiúlachtaí réigiúnda, is ea an Camino chomh maith. Deinim féin iarracht bhreise gach lá, cur le mo chuid Spáinnise, nach bhfuil ach leathchuibheasach. Is tábhachtaí cumarsáid ná an ceart, arb ionann agus corc i do thóin go minic é.

Bainimid an *albergue* amach díreach roimh a deich, tráth múchta na soilse. Stumpa mór d'Ungárach os mo chionn, Jean-Claude taobh liom ina leaba.

'Bhíomar ag feitheamh leat sara múchfaimis na soilse,' ar sé.

Fear lách, tuisceanach. Táim ag tosnú ar shásamh ceart a bhaint as seo.

8. Los Arcos – Viana

19 Meán Fómhair

Fonn bóthair ar maidin orm.

Cuma leathmhíleata ar na hUngáraigh, tá Béarla éigin ag duine acu. Is cuimhin liom léamh filíochta in Budapest uair. Dúirt aistritheoir roinnt dánta de mo chuid go raibh an Ungáiris mar theanga i mbaol mór. Níor labhair ach dhá mhilliún déag í. Tuigim an méid a bhí á rá ag bean na hUngáire, áfach. Cailleann teangacha a réimeanna arda – teagasc ollscoile san innealtóireacht, sa leigheas, sna heolaíochtaí, *lingua franca* an Bhéarla ag lucht gnó …

Is cuma liom sa riabhach, ach tá ceathrar Ungárach ag tafann leo ar a sé ar maidin.

Tá bricfeasta réamhíoctha agam le bean an tí – *albergue* príobháideach é seo – i gcistin an tí. Bean mhór cholpaí agus brollaigh, i slipéirí agus giobal mór de róba leapa, í leath ina codladh í féin agus bricfeasta caite le chéile aici. Gan aon fhocal as éinne. Is geall le hearra ón Áirc é an tóstaer atá aici.

Pingeáil mhicreathonnach na mochmhaidine.

Suím chun boird leis na Bascaigh. Dipeáil aráin sa chaife a dheineann siad.

Dúil acu sa mhilseacht. Cuma leo tósta smeartha le hábhar milis a thumadh ann. É a ithe le spúnóg – *goodie* – mar a dheineadh an seandream sa bhaile. Náire – foghlamtha – orainne, an óige. Ní bhacann an Meiriceánach le *desayuno* a chaitheamh.

Cuirimid ceathrar chun bóthair i dteannta a chéile.

'Is maith go bhfuil na fir is na mná scartha aici istigh,' arsa Joseph. 'Níl aon bhaol go mbeadh oilithrigh bheaga ann.'

Buailimid chun cinn go réidh agus é fós dorcha. Tá turas fada go leor go Logroño, beagnach 28 km, agus ard amháin 570 méadar. An lá le bheith ina bhrothall. I leith a chúil a chaitheann duine féachaint i gcónaí, chun breith ar éirí na gréine ar an Camino. Tá tosach an chúrsa réidh go leor, agus diaidh i ndiaidh baineann gathanna laga na gréine amach póirsí lenár gcliathán agus romhainn. Tá ár gcoisíocht éasca ar na mionchlocha. Beimid ag fágaint slán ag Navarra inniu agus ag sroichint réigiún fíona La Rioja, thart ar Logroño.

Sa chaint dúinn, deir Jean-Claude gur cairde *pelota* iad, iad ag imirt *pelota*, cluiche na mBascach le fada riamh.

'Ach tá na guaillí róshean agus róchaite anois don *pelota*,' arsa Joseph. 'Téimid ag siúl.'

Is gearr go mbuaileann an bheirt chun cinn orainn. Má chastar ar a chéile sinn, níos deireanaí, a deirim, canfaimid um mheán lae.

Táim beagán *wind*eáilte inniu ag comhluadar Kate. Braithim go mbeidh deireadh againn le chéile in Logroño. Tá fonn orm féin an Domhnach a thabhairt faoin tor, lá díomhaoin a chaitheamh ag máinneáil, ag breacadh nótaí más féidir agus gan ligean don chuntas seo dul chun fáin. Tá scéal an chluiche mínithe agam di. Seans go mbraitheann sí féin mar a chéile. Fásann cóngas caidrimh thar oíche ar an Camino, go háirithe má bhíonn fir agus mná ag codladh in aon seomra, ag éirí amach in aon seomra, ag caitheamh an lae in éineacht, ag ithe agus ag ól, ag insint rúin a mbeatha – má dheineann – dá chéile. Bíonn sí féin ag seoladh teachtaireachtaí fóin, pictiúir, agus rphoist fiú, abhaile go Michigan agus sinn ag imeacht linn. De bhunadh Éireannach í ó thaobh na máthar, agus Ioruach ó thaobh an athar. Is treise an ghéag Ioruach inti, in Michigan. Taispeánann sí an rian a d'fhág scian liachta ar a srón, nuair a baineadh ailse amach. Fuair sí jab déanta ar a brollach, a deir sí, chun na cíocha a ghiortú.

'Canathaobh go ndéanfá é sin le do chorp?'

'Bhí tosach rómhór orm. Bhínn ag rith, agus bhídís ag plabaíl. D'fhéadfadh fear siní an dá chích a mhuirniú ón gcúl, faoi m'ascaillí.'

Fágann sí i mo thost mé.

Cuireann sí i gcuimhne dom uisce a ól, go háirithe agus an lá ag cruinniú teasa. Níor thugas liom ach leath-líotar. Tá an paca uisce agus an píobán steallta aici féin.

Stopaimid chun caife agus greim a fháil ar an tslí in Sansol. Bailíonn slua isteach. Siopa agus caifé in éineacht é. Fear an tsiopa i mbun an ghnó leis féin. Áiseanna bunúsacha. Muintir na háite istigh leis, agus iad i mbun a mionchúraimí. Seansaol, cuid den ghnó ar cairde, agus na mná ag áireamh na suimeanna atá siad gann. Díolfaimid amáireach tú.

Éirím mífhoighneach leis seo, dá spéisiúla é mar staidéar – mearstaidéar – ar shochaí thuaisceart na Spáinne faoin tuath.

Éireannaigh amuigh i measc an tslua, dream óg.

Leanaimid orainn go mbainimid imeall baile Viana amach. Sin 12 km faoin mbrothall. Tá spalladh orm i gan fhios dom féin. Seo plásóigín faoin scáth agus scairdeán ann le hais an bhóthair. Foirgnimh mhóra ghránna fholmha ón dá thaobh. Bhí buile tógála anseo leis, gan aon agó.

Tá na Bascaigh romhainn ar an bplásóg, agus Joseph ag gabháil dá chosa. Iad á bhfuarú aige sa linn bheag faoin scairdeán. Caithim uisce orm féin, agus fuaraím. Dearmadaim uisce a ól. Buaileann na Bascaigh ar aghaidh tar éis tamaillín.

'Chífimid a chéile in Logroño. Ná dearmad dul go dtí an Calle San Juan, agus triail a bhaint as na *pinxos*,' arsa Jean-Claude.

Buailimid féin ar aghaidh. Tá an lá ina bhrothall. In aghaidh an aird isteach, tá tamall ann go lár an bhaile, agus nuair a chím an phríomhshráid agus an Eaglais ina lár, aithním cá bhfuilim. Tá cúpla tigh maith anseo. Táimid tamall fós ón sprioc, tuairim is 10 km. Bainimid caifé amach. Scáth sa phríomhshráid. Fuadar an tSathairn agus an bia ag imeacht ar dalladh. Buaileann Kate le bean Mheiriceánach eile, Tracy.

'Ní bhfaighidh sibh faic in Logroño,' a fhógraíonn sí. 'Tá féile ar siúl ann, agus gach áit lán. Óstáin féin, lán amach.'

Bean í seo nach ndeineann ach cúpla ciliméadar, agus í ag hapáil ar bhusanna ó áit go háit.

'Tá leaba anseo agamsa don oíche. Seomraí acu fós.'

Buaileann tonn mhór tuirse agus speabhraídí mé féin. Tá an ghráin agam don Camino seo, don fhuadar, don fhústar, do Mheiriceánaigh bhaotha ag fógairt tubaiste agus anachaine. Cuimhním ar an eachtra níos luaithe sa turas inniu.

Bhraitheas tonn mhór dhiamhair i mo dhiaidh, ag scuabadh roimpi. D'fhéachas siar. Dream ón Liotuáin, ainniseoirí le fírinne, ag iompar íomhá Chríost ar an gCroich eatarthu, dealbh den Mhaighdean Mhuire ar iompar ag bean ag ceann na buíne, fiche duine, agus iad ag cantaireacht ó am go ham faoi bhratacha na Liotuáine, na Spáinne agus na Vatacáine.

Iad ag gluaiseacht leo mear go leor, ghéilleamar slí dóibh chun gabháil tharainn. Ach bhéarfadh an tonn ort agus iad ag gabháil tharat. Mothú ársa, primitíveach fiú, agus cumhacht dhiamhair ag baint leis. Tocht a chuir sé orm. Fonn ort dul ar do ghlúine, agus liú a ligean.

Mar seo a oibríonn an histéire leis.

Soiscéalaithe ársa amuigh faoin Camino, ag imeacht leo. Cuimhní óige ag brúchtadh ionam ó na mórshiúlta baile. Brat an Phápa á dhaingniú ar chuaille i bhfuinneog shráid chathrach le tairne sé orlach.

Tamall romhainn, agus sinn ag imeacht le fána chuartha idir na fíonghoirt iomadúla, stadadar, chun sméara nó a leithéid a bhailiú sna sceacha nó driseacha.

Bhí speabhraídí orm, spearbaill, cinnte le Dia. Chaitheas siar scata uisce.

'Dúrt leat níos túisce ná rabhais ag ól do dhóthain uisce,' arsa Kate.

'Sin é atá orm, nó buile ghlan an Camino seo orm.'

'Caithfimid fanacht anseo. Níl áit ar bith in Logroño.'

'An gcuirfidh tusa tuairisc seomra?'

Nuair a fhilleann sí, níl ach seomra amháin acu. Dhá leaba. Daichead éigin euro.

'Teastaíonn uaim síneadh siar nocht ar mo leaba féin ar feadh ceithre huaire an chloig,' arsa Kate lena cara Meiriceánach, 'ach má bhíonn an boc seo ann, ní fhéadfad.'

Tá dóthain ráite. Buailim amach agus mé suaite ag an mbrothall, nó pé rud.

Tá *albergue* in aice láimhe, ar €8, mainistir athchóirithe, agus radharc breá ón ard amuigh ar an dtír mórthimpeall. Deirim leis an mbean i bhfeighil go mbead ar ais le mo phaca droma in imeacht chúig nóiméad. Ní foláir nó tá cuma ait orm, mar féachann sí go hamhrastúil orm.

Deirim leis an mbean eile go bhfuilim ag dul don *albergue*. Leanann sí mé, agus socraímid isteach. Tá sé luath go maith sa lá, agus sé bhunc sa seomra. Caithim mé féin ar an mbunc thíos, í féin atá thuas, agus titim i mo chnap codlata.

Dúisíonn dream téagartha, Gearmáinis acu, mé agus iad ag réabadh isteach. Triúr ban, agus fear, ón Ostair iad, agus coimeádann siad a gcomhluadar féin. Mná trom-mheáchain beirt acu, cara leo atá dathúil, agus an fear ar meánairde, dorcha, chomh leathan le seanchrann darach. Glacann siad seilbh ar an áit. Ionradh. Buailim amach dom féin. Níochán le déanamh, le crochadh amach, meaisíní níocháin ann, brothall fós amuigh. Buailim le Kate agus í ag lorg sóinseála don meaisín. Cuireann sí na héadaí ar fad sa níochán le chéile.

Tugaimid an tráthnóna ag plé le cúraimí 'tí' agus mise ag ól uisce mar a dhéanfadh eilifint. Tugaim féin cuairt ar an eaglais mar a bhfuil bainis faoi lánseol. Ní bhainim aon sásamh as an mbéile, fáiscthe idir Gearmánach agus Iodálach. Í féin os mo chomhair.

Téimid go dtí an balcón ard ag an *albergue* chun féachaint ar luí na gréine. Tamall inár suí le hais a chéile. Tá creathán fuachta orm.

Suíonn sí le m'ais ag falla ard cloiche, agus teas an lae agus na gréine ag sceitheadh gan staonadh as an gcloich ghainimh.

9. Viana – Logroño

20 Meán Fómhair

Beimid in Logroño luath ar maidin, is é sin thart ar leathuair tar éis a naoi, nó a deich. Brothall geallta arís inniu. Líotar go leith uisce agam i mbuidéal, táim ag teacht chugam féin. Lena ceart a thabhairt di féin, chuidigh sí liom le deoch Powerade chun na leictrilítí a chur ar ais i mo chorp. Ní thugaim féin aon aird puinn ar an trácht seo ar fad ar hiodrú agus ath-hiodrú tar éis aclaíochta. Tá mo cheacht foghlamtha go maith agam. Tháinig an taom orm gan aon choinne agus fuaireas clabhta. Bíonn caipín orm i gcónaí áfach mar gheall ar an bplaitín.

Tá Navarra fágtha inár ndiaidh anois againn, pé brí atá le teorainneacha críche san aon tír amháin na laethanta seo. Cathair mór go leor í Logroño, agus ar nós aon chathair, tá siúl fada isteach inti ón imeall. Dá dtiocfadh bus cathrach léimfinn ar bord. Ní thagann, go luath maidin Domhnaigh.

Caifé amháin atá ar oscailt ar an *plaza,* Plás an Mhargaidh. Tá dramhaíl na hoíche aréir ar fud na háite agus glantachán ar bun ag na hoibrithe cathrach. Fiesta San Mateo, féile seachtaine fíona agus bia, caithfidh siad lá mór eile a bhaint as inniu. Tá caife agus bricfeasta ón mbeirt againn, agus seans linn a bheith luath. Agus smut caite siar againn, deir sí féin go bhfuil sí stractha idir dhá chomhairle: fanacht nó imeacht.

'Cén t-am atá do chluiche ar siúl?'

'Leathuair tar éis a ceathair. Ionann é agus an *Superbowl* agaibhse.'

'Beidh an lá fada go dtí sin.'

'Beidh. Teastaíonn uaimse é a thógaint bog inniu, pé scéal é.'

'Cén saghas féile atá ar siúl?'

'Féile fíona agus rangáis sna sráideanna.'

Ar deireadh, socraíonn sí bogadh chun cinn.

'Tá's agam anois cad a dhéanfad. Raghad chomh fada le Ventosa ar an tslí go Nájera.'

'Maith go leor.'

'Sin cinnte.'

'Tá go maith.'

Bailímid ár gcuid málaí agus bogaimid chun siúil síos i dtreo an Camino tríd an gcathair ar Calle Ruavieja.

'Braithfead uaim tú,' ar sí agus sinn ag fáisceadh a chéile ag an gcúinne sráide.

'Tóg go bog é, Kate, in ainm Dé.'

Bainim amach *albergue* atá ar oscailt agus fágaim mo phaca isteach ann. Téim síos chun na hoifige arís chun fiafraí éigin a dhéanamh, nuair a chím mo sheanchara Attila amuigh sa tsráid agus é ina stad. Téim i bhfolach uaidh. Ach nochtann sé taobh liom agus straois air, faoi mar go rabhas ag súil lena theacht. Croithimid lámh le chéile. Síneann sé taobh le mo bhunc féin, agus fiafraíonn go haonfhoclach: '*Out?*' – an bhfuilim ag dul amach ar an mbaile. Deirim leis go bhfuilim ag síneadh siar. Imíonn sé.

Faoin am a bhainim lár na cathrach amach an athuair ag meán lae tá Fiesta San Mateo faoi lánseol. Téann an chathair le buile, ag ól, ag ithe, ag ceiliúradh. Steallta fíona ag imeacht soir siar. An dream óg ina gcomhluadar féin, agus seilbh acu ar chúinne amháin den *plaza* taobh amuigh de bheáranna a thaithíonn siad féin. Teaghlaigh, naíonáin, leanaí óga, sluaite ag saibhseáil rompu síos na sráideanna, bannaí ceoil ag trumpáil agus ag *oomp*áil

sna cúlsráideanna, seastáin fíona agus bia, bialanna ag borradh, beáranna ag brúchtadh, buidéil á mbascadh ar an dtalamh, scléip Spáinneach faoi mar gur bhain an focal 'scléip' leo féin, nuadhéanta amach as an gceárta i gcruach Ibéarach.

Cuirim tuairisc an phub Éireannach, ach níl a leithéid ann. Deir lucht óstáin liom go bhfuil sé dúnta le blianta. Sin deireadh le peil don lá inniu. Tá faoiseamh orm le fírinne. Téim i mbun mo chuid smaointe agus na dialainne seo. Agus mé suite ag ithe greim níos déanaí, téann slua ban óg thar bráid agus dathanna Chiarraí lena dtóin acu. Nuair a fhéachaim an athuair, chím dathanna breise leis an nglas agus flannbhuí – bán agus dearg – brat réigiúnda Rioja.

Is deacair aon suaimhneas a fháil, agus buailim síos cois abhainn an Ebro, mar a bhfuil daoine ag siúl ar a socracht. Bhí an abhainn mhór sin, an Ebro, i bhfad soir, idir fórsaí Franco agus arm an Rialtais thofa, sa chúpla mí dheireanach i gCogadh Cathartha na Spáinne. Cuimhním ar leabhar a léigh mé, cúig bliana is tríocha ó shin nó breis, ar lámhach an fhile Lorca, leis an Éireannach Ian Gibson, fear a lonnaigh sa Spáinn agus ar thug na Spáinnigh *golpo* air – 'ardfhear' – n'fheadar cad d'imigh ó shin air. Bhí sé ar an gcéad leabhar ar an eachtra uafásach sin, tar éis bhás Franco. Tugaim an tráthnóna buailte fúm ar bhinse, ag léamh agus ag breacadh. Dheineas dréacht de dhán eile le Rosalía de Castro.

Hora tras hora, día tras día
Uair i ndiaidh uaire, lá i ndiaidh lae

Uair i ndiaidh uaire, lá i ndiaidh lae,
gafa idir neamh agus an talamh
ar an bhfaire shíoraí,
ar nós tuile lánsiúil
caitheann an saol.

Tabhair ar ais don mbláth a chumhracht
tar éis dó feo;
cruinnigh glórtha agus geoin
na dtonn a phógann an trá,
tonn i ndiaidh a chéile a théann in éag,
agus ar bhileoga cré-umha greanaigh an armóin.

Tráthanna a bhí, deora agus gáirí,
dúchéasadh, bréaga milse,
Á, cár fhágadar a rian
cén áit, a anam liom?

Caithfidh sé an gnó a dhéanamh.

Sárfhile é Machado, áfach, ach níl na bunleaganacha Spáinnise in *Penguin Modern European Poets*. Nílim toilteanach tabhairt faoi leagan Gaeilge ón mBéarla amháin. Réamhrá den scoth ar fad lena shaothar, áfach, ag an aistritheoir Henry Gifford: '*These versions seldom retain the metres of the original, yet they seek to correspond with its essential movement … The*

words "compel the recognition they precede", and we are ourselves yet other in hearing them … by bringing his verse into the borderlands of English, where it can be domiciled and yet stay foreign, we let him participate in our own literature.'

Nuair a fhillim ar an *albergue*, seo Attila romham agus hata áiféiseach féile ar a cheann. Tá pacaí droma daoine eile fágtha le cois na leapacha, agus cé a bheadh in airde os mo chionn ach duine de na Francaigh gur itheas béile ina dteannta cúpla lá ó shin. Bean, sna seascaidí, agus a fear céile sa bhunc eile lastall. Nuair a chuirim aithne níos fearr uirthi, tuigtear dom go bhfuil sí ina *coquette*, ábhairín, agus tugaim di mo bhlaincéad féin don oíche. Níl gnó agam féin de, ach tugaim foláireamh bhean Chiarraí di i dtaobh na bhfeithidí.

'Níl aon eagla orm,' a deir sí, 'roimh na *petites bêtes*. Má phrioctar mé, táim seanphrioctha acu.'

Buailim amach go dtí Calle San Juan sa seanbhaile, chun triail a bhaint as na *pinxos*. Ar an tslí, tá scata smionagar gloine ar an dtalamh agus ní mór dom cúram a dhéanamh i mo sheanchuaráin batráilte. Níor mhaith é dá mba í Féile San Mateo a chuirfeadh deireadh le mo Camino.

Spáinnigh is mó atá sa Calle, sráid chúng, agus iad ag luascadh ó thaobh taobh leis an bhfonn amuigh. Bhraithfeá gur fallaí rince a bhí sna foirgnimh féin. Beidh sé ina oíche go maidin, anseo; mná dea-ghléasta, leanaí óga, *pinxos* á sluaisteáil ag an lucht freastail sna *tavernas*, bean agus a guaillí nochtaithe aici go suntasach, fir ag liúirigh ar a chéile, táim i lár an chuilithe go deimhin. Ar an uisce amháin atáim féin, ach bainim taitneamh as an taitneamh a bhaineann daoine eile as an oíche. Ní cuimhin liom a leithéid a bhlaiseadh – an déine féile seo – in áit ar bith eile. Buailim isteach i gceann de na tábhairní agus ordaím *ración* dom féin. Tá na slisní uaineola suarach go leor. Fear an tí, feairín íseal mar a bheadh sé tar éis siúl glan amach as an Linn Dubh i gcathair Chorcaí. Béiceann sé na horduithe ón gcuntar ar lucht na cistine istigh. 'Ceithre cinn bheaga.' 'Ceithre cinn mhóra.' Tabhair cistin ar an bpóca beag d'áit atá ar leataobh nach bhfuil slí chun casadh istigh ann. Is fiú bheith istigh ar mhaithe leis an bhfuadar amháin, daoine isteach is amach an t-am ar fad. Níl crích ró-iontach ar mo *ración* ach tá na *pimientos* blasta. Tá tóin bhreá ar an mbean laistigh de chuntar agus í ag seimint lena bosa – idir gloiní fíona a shíneadh – ar phluca na tóna. Druma breá teann, ambaiste. Is dócha gur *bosa-nova* a thabharfaí air sin.

Buailim liom i dtreo an *albergue* agus sroichim an leaba díreach in am sara múchtar na soilse ar a deich.

A seacht a chomharthaíonn Attila liom lena mhéaranna.

Éirí ar a seacht.

10. Logroño – Nájera

21 Meán Fómhair

Thiteas amach as an mbunc – íochtarach – i gcaitheamh na hoíche, ach níor bhain aon ghortú díom. Bhíos ag breith chugam féin cheana in airde, gan aon ráille ar chuid de na buncanna sa Spáinn. Dhúisíos bean na Fraince thuas os mo chionn, nuair a ligeas glam nó gnúsacht agus gan dabht eascaine. Níor lig sí faic uirthi, lena ceart a thabhairt di, ach thit mo chodladh orm an athuair agus í féin ag iomlasc in airde.

Bhí áthas orm cur chun bóthair inniu go moch. Bhíos le bheith i m'aonar, ach bhí Attila le mo chois ar feadh tamaill. Seans gur bhraith sé mo dhoicheall

– bhíos mall mo dhóthain ag baint rithim choisíochta amach – agus bhuail sé féin ar aghaidh. Bhí *desayuno* ceannaithe agam dó ar imeall na cathrach. Ní bhíonn ach pinginí beaga ag muintir na hUngáire, a bhraithim. Lucht an *fiesta* fós ar cois, cuid acu romhainn sa chaifé, iad dea-ghiúmarach, sula scaoilfidh siad faoin leaba.

Bhíos sásta ag siúl i m'aonar tamall, agus an lá ag breacadh de réir mar a dhruideas trí pháirceanna poiblí agus conaireacha coille. Bhí uisce tugtha liom agam, agus dhéanfainn deimhin de nach mbeinn gann air.

Stadas don sos maidine thart ar a deich a chlog ag caifé in Navarrette, agus suas le 13 km déanta. Daoine ag teacht is ag imeacht. Shuigh duine de na hAlbanaigh gur bhuaileas leo in Los Arcos, ag an mbord. Ní raibh aon fhonn mór comhluadair orm, ach bhí daoine eile – stróinséirí – ag an mbord agus bhíomar ag mionchomhrá. An tAlbanach agus mé féin a bhí fágtha agus d'éiríomar chun imeacht. Thiteamar isteach le chéile, ar aon choiscéim, gan iarraidh.

Duine séimh, géarchúiseach an tAlbanach, John a dúirt sé a bhí air. Hata air, agus paca éadrom lae. Bhraitheas air go raibh taithí aige ar bheith ag tabhairt cluas na héisteachta do dhaoine. Ligfeadh sé duit do chuid abairtí a chríochnú, agus abairtí iomlána ina chuid cainte féin.

Fear thart ar m'aois féin, é lúfar, ard, seang. Idir seo agus siúd, fuaireas amach go raibh cónaí air laisteas de theorainn na hAlban, i Sasana. Dhein an comhlacht Éireannach go raibh sé leo, na socruithe go léir dó. Bhí leaba agus béile na hoíche in áirithe dó gach oíche sa chéad bhaile eile. Bhí a chuid bagáiste á chur ar aghaidh acu, leis.

Bhí am agus caoi agam i dteannta an fhir seo féachaint timpeall ar an dtír – an dá shliabhraon ón dá thaobh, ag síneadh siar, an ceann thuaidh agus scrabhanna agus scraitheanna bainte de ag an oighear tráth, a d'fhág an fhaill a thit leis ónár dtaobhna lomtha agus garbh. Ón taobh theas, bhí na sléibhte níos cruinne agus níos cuartha – níos glaise féin; foraoiseacha orthu go dtí airde áirithe, agus na fíonghoirt ag leathadh eatarthu. Saghas clár torthúil fíonghort an chuid seo de La Rioja, atá beag go leor ina fairsinge, ar aon dul le Bourgogne na Fraince is dócha. Nílid tosnaithe i gceart ar an mbarr a bhaint fós – cé go bhfaca tarracóir lán caor finiúna á mheá ag droichead meáite i gceann de na comharchumainn feadh na slí. D'oibríos féin ar na *vendanges* sa Fhrainc agus mé i mo mhac léinn, i gceantar Champagne sna Seachtóidí luatha agus an *Caudillo* ag tarrac anála go fóill. Bhí Spáinnigh agus Portaingéalaigh ag obair ar na caora finiúna an uair sin mar spailpíní ón leithinis Ibéarach, agus ba é mo thuairim féin go raibh éirí in airde ar na Francaigh maidir leo. Comharsana bochta na Fraince ab ea iad, pé scéal ag Éireannaigh é. Ba iad muintir na Portaingéile, go háirithe, na 'sclábhaithe feirme' mar a thugtaí ar oibrithe feirme in Éirinn.

Bhuaileamar isteach i gceann de na séipéil feadh na slí – níorbh aon fhear creidimh é féin, ar sé – ach thugamar araon suntas don mbaróc Spáinneach sin istigh os cionn na haltóra. Ní dócha gur féidir Caitliceachas ná deabhóid úd na Spáinne a thuiscint gan an barócachas sin a chur san áireamh. Saghas ceoil atá ann, i ndeilbh, i ndathanna órga. Tagann anam bíogtha ann ach stánadh air tamall.

Bhíomar ag caint ar mhuintir

na Liotuáine ag iompar na Croise, tamall den tslí. Casadh air féin iad in óstán in Puenta La Reina. Bhíodar stoptha lasmuigh – tá bus dá gcuid féin acu a dheineann iad a thionlacan – agus lorgaíodar an cód wi-fi ar an óstán. Ní thabharfadh an t-óstán dóibh é gan rud éigin a cheannach. Bhíodar ag cur is ag cúiteamh eatarthu féin amuigh, agus cheannaíodar cupa caife amháin. Tugadh dóibh an cód. Amach le ríomhaire glúine ar an mbord, agus an slua soiscéalaithe bailithe timpeall ar chraoladh beo cluiche cispheile idirnáisiúnta – craobh na hEorpa – idir an Liotuáin agus an Spáinn. Bhuaigh an Spáinn.

Idir seo agus siúd, thráchtamar ar Albain agus ar Inse Gall, istigh agus amuigh, ar na Garbhchríocha, agus dúrt leis gur sheolas féin ó Bhaile Átha Cliath go Steornabhaigh ar Oileán Leòdhas níos luaithe i mbliana.

Thugamar an turas ar fad ag trácht ar oileáin na hAlban, agus ar thuras a thug sé féin ar Hiorta – St Kilda – nuair a chuaigh sé ar scor i mbliana. Dochtúir teaghlaigh a bhí ann.

Bhaineamar imeall Nájera amach, ár sprioc don lá, agus bhí fonn air féin piúnt beorach a ól. Shuíomar ag an gcéad bhord a d'oir. Bhí ceathrar Éireannach ag an gcéad bhord eile, agus iad ag imeacht lena bpaca lae. Fir mheánaosta ó Bhaile Átha Cliath is mó, thosnaíodar ag plé cúrsaí rugbaí le John. Dúil mhór aige féin ann.

Ar aon chuma, ní raibh acu ach líon áirithe laethanta, bhíodar chun dul go dtí an dara stad roimh Burgos, tacsaí a fháil toisc go raibh an stráice deireanach 'leadránach' agus dul thar Burgos sa tacsaí nó a leithéid.

Ní raibh spéis dá laghad agam ina gcuid imeachtaí. An dream úd as Éirinn a cheapann gur 'breá' le muintir na hEorpa 'Éireannaigh' mar gur 'Éireannaigh' iad as 'Éirinn' agus nach 'Éireannach' go 'Fíor-Éireannach' thar lear a iompraíonn suaitheantas na hÉireann ar a thosach agus ar a phrompa. An dream go bhfuil '*cerveza*' acu i Spáinnis agus '*muchas gracias*' – an cúpla focal, go deimhin, galar croí agus anama na hÉireann. Seachnaím iad mar a sheachnóinn an phlá.

D'éiríodar agus chuireadar díobh. Leanamar féin orainn isteach faoin mbaile. Scaramar ag an droichead i lár Nájera, agus dhein sé féin ar an óstán. Fuaireas féin leaba in *albergue* le hais na habhann. Seomra ceithre bhunc, á roinnt le Spáinnigh, ó León ab ea beirt acu, David agus Israel. Arbh fhéidir gur iarmhairt de phobal iomadúil Giúdach na Spáinne iad, gan de nasc acu lena nGiúdachas ach na hainmneacha 'baiste'. Bhraitheas gur bhuaileas le cuid de sheanstair na Spáinne ina bpearsana. Ní raibh deis agam caint a chur orthu, mar bhíodar ina gcodladh nó amuigh.

Tar éis béile breá i lár Nájera ar €14, chuas a chodladh dom féin. Bhí doras le dúnadh i seomra agam den chéad uair le tamall.

11. Nájera – Santo Domingo de la Calzada

22 Meán Fómhair

Bhí leisce inniu orm nuair a d'éiríos, agus na Spáinnigh ag fágaint slán agam. Bhíos i m'aonar i seomra, an doras dúnta, agus radharc amach an fhuinneog ar an abhainn mar a raibh mo chosa fuaraithe agam inné. Thógas m'aimsir ag pacáil mo chuid stuif, agus rith sé liom arís eile go bhfuil an gnó seo ar fad an-simplí. Mála stuif, tú féin, bóthar.

Bhíos ag ceannach uachtair do na matáin inné i *farmacia* agus mé 14 cent gann sa phraghas nuair a shín an poitigéir an tiúb isteach i mo lámh. Bhí mo sparán fágtha san *albergue* agam, agus dúrt le bean an tsiopa go bhfillfinn leis na centeanna. D'fhágfainn an ghlóthach ann – ach bhí fear trom ina shuí ag feitheamh le cógas éigin, agus bhain sé amach a sparán agus shín chuici an bonn gann. Bhíomar ag comhrá roimhe sin, é féin agus ógfhear go raibh cuma an taistealaí chógaisíochta air, agus mé féin ag iarraidh an comhrá a choimeád le mo Spáinnis stalcach. Bhíos buíoch. Dhéanfainn féin an rud céanna do stróinséir ar an Camino gan chuimhneamh.

Buailim bóthar. Tá Nájera tógtha le hais na habhann agus faill mhór ard lena chúl. Sean-uaimheanna agus pluaiseanna gearrtha isteach sa ghaineamhchloch. Seans go n-úsáidtear fós iad chun stórála nó a leithéid. Ní fada an t-achar in aon chor é ó ré na pluaise go dtí ré an chrannchuir go mbíonn andúil ag na Spáinnigh ann. Tá duais mhór na Nollag fógartha cheana féin sna fuinneoga siopaí. Leisce na maidine orm, stopaim ag *fuente* i lár an bhaile. Ólaim. Cuirim díom. Tamall ag siúl. Mo chaipín! Caithim filleadh ar an *fuente*. Tá sé romham i gcónaí, mo chaipín gan aird.

Dreapadh amach as an mbaile. Fuaireas an-sos aréir. Fíonghoirt ag síneadh ón dá thaobh nuair a ghlanaim an mullach, agus feirmeoirí amuigh luath i measc na gcaor. Is cuimhin liom íomhá a bhí ag an scríbhneoir Francach, Boris Vian, fear buile, aerach, agus é ar thóir na drúise. Íomhá go raibh a mhagairlí ar chuma dhá chrobhaing caor finiúna, agus go mbainfeadh sé súlach astu! Píosa buile ilmheán amharclainne aige, ag fógairt damnú ar an gcogadh – ar gach taobh – le linn ionradh na gComhghuaillithe ar Caen agus Normandie.

Teann, ar crochadh, dubh faoin duilliúr, dlúth; táim ag cuimhneamh orthu don lá, féachaint cad a rithfeadh liom. Stadaim ag an ngnáthchaifé. Druidim liom tamall ón slua ag gabháil thar bráid, nó ag bailiú thíos. *Plaza* beag os comhair oifigí riaracháin an bhaile, Azofra, agus tugaim sracfhéachaint ar na fógraí sna fuinneoga. Paistí talún ar díol, den chuid is mó.

Buailim fúm ag léamh *El Païs*, a mhéid is féidir, agus an trácht is mó inniu is i dtaobh reifreann neamhspleáchais na Catalóine é. Ráiteas eisithe ag scríbhneoirí ó Mheiriceá Theas, ag áiteamh ar mhuintir na Catalóine gan scarúint leis an Spáinn. Cur síos i ngné-alt ar Artur Mas, ceannaire polaitíochta na Catalóine, agus leathanaigh iomlána argóintí ón dá thaobh. Dé Domhnaigh beag chugainn, 27 Meán Fómhair, a bheidh an vóta ann. Nuair a bhíonn an lár lag, tosnaíonn na himill ag éirí guagach leis. Nó an bhfuil an lár lag mar nach mbaineann na himill leis? Nuair a chuimhním air, níl daonlathas na Spáinne ach i dtús a ré.

Poblacht atá ó cheannaire na Catalóine. Nuair a tharraingím anuas ceist na Catalóine go dtí Spáinnigh ar an Camino, ní maith le duine ar bith acu go scarfaidís.

Táim ag tabhairt aird níos mó ar an treoirleabhar inniu, agus chím go bhfuil mainistir Yuso, atá tamall i leataobh ó Nájera, fágtha i mo dhiaidh agam. Is ann, a chreidtear, a chéadscríobh manach  gan aithne an Spáinnis, Castellano. Mo ghraidhin iad na manaigh gan aithne. Bhí an-chathú orm dul ann, ach bheadh lá breise uaim chun cuairt a thabhairt ar Yuso, agus níl sé agam. Má fhillim an athuair, fiú faoi chló eile, raghad ann.

Níl an tírdhreach róspéisiúil inniu, ach tá spás ag mo cheann rith leis. Is gá é. Fánaíocht, díomhaointeas, agus smaointe dorcha a chur ó dhoras. Éinne amháin go mbíonn caint – comhrá gairid – inniu agam leis. Gearmánach, Heiko, fear ard gur casadh orm é ag bord caifé in Pamplona. Duine neamhchaidreamhach go leor é, gur gráin leis mionchaint. Béarla líofa aige. Buailim ar aghaidh agus fágaim i mo dhiaidh é. Ag teacht isteach i mbaile beag Cirueña a chím an slad a dhein an ráig bhuile tógála anseo. Tithe púcaí agus árasáin púcaí ar fud na gcnoc. Galfchúrsa le mo thaobh. Rioja Alta. Bíonn na púcaí ag imirt gailf san oíche, agus na galfairí féin amuigh sa ló. Buailim ar aghaidh go dtí Santo Domingo de la Calzada, agus imíonn na fíonghoirt ar lár. Biatas siúcra ab ea sa ghort? Lasmuigh den bhaile i monarcha talmhaíochta, táthar ag cur earraí i gcrátaí móra, agus cré á chaitheamh isteach ina ndiaidh. Iniúchaim. Prátaí. Baile mór prátaí é Santo Domingo. Féile prátaí ann ambaiste.

Tá *albergue* ag mná rialta Cistéirseacha ar an mbaile. Bainim amach é. €6 san oíche. Áiseanna bunúsacha. Beirt Spáinneach, lánúin as Sevilla in aon seomra liom. Daoine geanúla. Buailim amach faoin mbaile ag máinneáil. Ach is tráth *siesta* é agus an baile dúnta. Socraím mo chuid níocháin a dhéanamh.

Tá beainín de bhean rialta – n'fheadar an mbeadh sé ceart beainín rialta a rá – i bhfeighil na hoifige anois agus bean na cniotála ó chianaibh scaoilte abhaile; fiafraím di conas is cóir labhairt léi, is é sin cén focal a d'úsáidfinn i gcás 'siúr'; *sörblanca*, nó a leithéid a deir sí; an focal *soeur* i Spáinnis ar ndóigh, agus Cistéirseach bán í féin, tá friotaíocht chaolaithe ar bun istigh ann maidir le fuaim – caithfead é a aimsiú. Saghas 'r' cuimlithe atá ina carball aici, cuimlithe nó maolaithe. D'iarras uirthi é a rá cúpla uair nó trí. Craiceálaí.

Buailim amach arís tar éis mo chuid níocháin agus deinim mionsiopadóireacht. Torthaí, dúch don pheann, agus cnap feola leasaithe. Táim eagraithe beagán níos fearr inniu, gan daoine eile timpeall orm.

Buailim le Petra, an Gearmánach mná, sa tsráid lena compánaigh. Níl fonn uirthi labhairt liom ar dtús, ach nuair a chastar ar a chéile sinn an dara huair, seasaimid ag caint tamaillín. Tá deireadh aici amáireach agus í ag filleadh ar an nGearmáin. Saghas teiripe grúpa, a dheinim amach, atá ar bun acu. Ní chuirim ceist. Tá droch-chasachtach uirthi, trí lá tugtha sa leaba aici in Logroño agus an *fiesta* ina rúille-búille sna sráideanna.

Fáiscimid a chéile den uair dheireanach agus guím gach beannacht uirthi ina saol.

Tá an tráthnóna fionnuar, sna póirsí ceilte ón ngréin, agus fillim chun balcais éigin a fháil. Tá óstán Parador sa seanbhaile, ach ní shuím ann. Amach liom arís i mbun an chuntais seo ag bord caifé. Labhraim le John an tAlbanach atá ag triall ar a óstán. Tá sé an-tógtha, a deir sé, leis an Camino anois agus corraíl éigin ar bogadh ann.

Cinnim freastal ar thráth easparta na mban rialta. Tá cúig dhuine dhéag istigh ar a mhéad. Dream críonna is mó iad na mná rialta, seachas cúpla duine nó trí ón India, a fhaighim amach ina dhiaidh sin. Cantaireacht chaol aonair agus comhcheol níos treise. Tá cuid acu ag cantaireacht le seasca bliain, a thuairimeoinn. Ach, nuair a chuimhním ar bheainín na hoifige níos luaithe, braithim gurb iad a leithéidí siúd ar fud an domhain a thabharfaidh an pláinéad slán. Bhuaileas le seanbhean eile dá leithéid in aice Ashram Gandhi san India – Warda – agus bhraitheas an chumhacht chéanna inti. N'fheadar cén mianach é féin. Mianach meanman cinnte, cuid de. Beirt bhan chríonna, beag, íseal, cabhail ag lomadh chun na gcnámh, agus fós pabhar éigin iontu. Saghas éadroime éigin is ea é, faoi mar nárbh aon nath leo sciatháin a leathadh as an aibíd, agus eitilt leo. Sea, téann siad chun 'éanachas' nó chun 'éanlaíocht' san aois dóibh. Hiondú duine díobh, Caitliceach an bhean eile, ach is cuma aicmiú creidmheach nó reiligiúnda. Táim siúráilte go mbeadh siúr Bhúdaíoch nó Anglacánach nó pé rud, mar a chéile. Fós, táid baineann agus fiú banúil. Ní thréigeann an bhanúlacht riamh iad.

Táimidne, oilithrigh, i seanchillíní na mban rialta, agus iad bunúsach. Aol ar na fallaí, leacacha ar an urlár, agus áiseanna teoranta níocháin. Cistin mhór, gairdín ar chúl chun suí, agus na héadaí a thriomú, an séipéal buailte suas leis.

Buailim fúm sa ghairdín. Tá cóiríocht nua-aimseartha ag na mná rialta anois ag bun an ghairdín, i mbloc nuathógtha. Níl sa ghairdín ach mé féin agus an Gearmánach úd, Heiko. B'fhearr liom uaim é. Mise ag méirínteacht ar an gceangal wi-fi go neamhairdeallach. Tagann sé i leith chun canna beorach a thabhairt leis ón mbord.

'*I must take my beer,*' ar sé.

'*Oh, is that yours,*' a deirim, gan aird air.

'*You do not think I drink other persons' beer,*' ar sé go borb, agus aon fhéachaint amháin a thugaim air, tá sé ina sheasamh ansin go dúshlánach, goirgeach ag stánadh orm.

Féachaim go díreach air, féachaint lastuas de mo ghloiní ar mo chaincín, ach ní deirim faic.

Baineann sé stad asam, ach ní ligim faic orm. Is cuma sa riabhach liomsa faoina chuid beorach ná cé leis é. Nuair a chuimhním ar mo rá féin, is ea a thuigim. '*Is that yours,*' is ionann é i mBéarla na hÉireann agus '*So that's yours.*' Ba chóir dó tamall a thabhairt i Maigh Eo thiar nó ar Réidh na nDoirí!

Duine meabhrach é timpeall ar theangacha, agus míneod dó é má fhaighim an deis. Thuairimigh sé, agus sinn in Pamplona, gurbh ionann '*quince*' an Bhéarla agus *membrillo* na Spáinnise, toisc gur tugadh dom é le cáis in *taverna*. Dúrt leis é, nuair a d'fhéachas san fhoclóir.

Fágfad mar sin é. Níor mhaith liom go mbeadh sé ina chogadh idir Éire agus an Ghearmáin, ní bheadh seans dá laghad acu.

Bhí béile agam i lár an bhaile nach raibh ach leathchuibheasach, ar €12. Níorbh ionann agus béile na hoíche aréir in Nájera i mbialann Olimpo.

Bhaineas an *albergue* amach, díreach in am, sular múchadh na soilse. Bhí an lánúin Spáinneach romham ina leapacha ar leith agus cúrsa an lae amáireach á phlé acu.

'Chuala go mbeidh sé ag báisteach amáireach,' a deirim leo.

'Gan aon bháisteach go dtí an iarnóin, agus í sin éadrom, thart ar a trí.'

'Agus beidh an Chatalóin ag scarúint libh, más fíor na tuairiscí.'

'Ní tharlóidh sé sin,' arsa í féin.

'Bheadh sé go dona don Spáinn, ach ní tharlóidh sé,' arsa é féin.

'Tuigim go maith.'

'Thuigfeadh Éireannach,' ar sise ag gáire.

Sínim siar, ag iarraidh cuimhneamh ar an áit go bhfaca an coileach sa chás i gcuimhne ar Santo Domingo ach tagann codladh orm sara gcuimhním air … beidh sé ag glaoch as ball éigin ar maidin …

12. Santo Domingo de la Calzada – Belorado

23 Meán Fómhair

Inniu an chéad lá agam ag scríobh sa leabhrán seo mar a thiteann an lá. Bhíos ag teacht suas liom féin go dtí seo. Ag scarúint le La Rioja inniu agus ag gluaiseacht isteach in Castilla agus León.

An lánúin Spáinneach a bhog amach ar dtús, Maria agus José, agus iad ag dul chomh fada le Burgos. Tá Camino eile ó Sevilla go Santiago.

Deinim tae dom féin, an micreathonnán ag pingeáil arís, agus slua sa chistin. Tá an sorn beag gafa ag bean mheánaosta agus uibheacha agus *jamón* aici air i mbun slaimic a chócaráil dá mac. É féin mífhoighneach léi, cloisim '*I told you*,' uaidh lena mháthair. Ó Mheiriceá nó ó Cheanada. A Chríost, tá cúpla dosaen ubh aici ag an sorn, dóthain chun soláthar do bhuíon.

An choiméide dhaonna, chuile dhuine agus a anró féin aige, mar a dúirt bean Chonamara. Nó an rá Muimhneach – is mó sórt agus iad go léir ann.

Taitníonn an sean-chlabhstar seo go mór liom. Bhíos beagán míbhuíoch inné – bhí *Hospaderia Cisterciense* ar an mbaile leis, grád aíochta níos airde, agus béile na hoíche leis ann. Ach ní fhaca in am é. Nó, níor thugas aird cheart ar an treoirleabhar. Fuit, fuit.

Is cuma anois. Tá cuimhne greanta i m'aigne ó bhíos i mo gharsún ar thuras Domhnaigh a thugamar mar theaghlach, ar Chnoc Meilearaí, comhluadar Cistéirseach. Bhí clann mhór againn ann, agus thugamar aghaidh ar Mheilearaí i gcomhair pláta bia. Síntiús a chuir m'athair sa bhosca, chun íoc as. De réir d'acmhainne a d'íocfá. Ach an chuimhne is mó atá i mo cheann, ná óganach manaigh, sean-naprún gorm air, ag freastal orainn ag an mbord – bulóg ollmhór aráin ina lár – agus é ag glanadh fuíoll an bhia inár ndiaidh isteach i mbuicéad. D'fhág mianach éigin sa duine a rian orm. Agus an buicéad. Athchúrsáil, bia do mhuca ar an bhfeirm.

Tá sé sin cúitithe agam leis na Cistéirsigh anois.

Buailim bóthar idir leathuair tar éis a seacht agus a hocht a chlog, gan aird mhór ar an gclog. I m'aonar arís inniu, is fearr liom mar sin é. Ar shlí amháin, táim beagán milleánach orm féin mar gheall ar an aerachas i dtosach aimsire, ach ní fada a mhaireann sé. Aerachas, an mianach chun baoise i nduine. Bhíodh an focal *airy* ag mo mháthair. Duine beagán aerach baoth mé, gan aon agó.

Ólaim líotar uisce ar an tslí, agus ceannaím buidéal mór eile sa chéad sráidbhaile eile, Grañón, ina stopann na hoilithrigh thart ar leathuair tar éis a naoi. Téim i mbun na dialainne seo i seomra i gcúl an tí, agus ithim mo chéad cháca *magdalena*, meascán *madeira* milis, i dteannta *café con leche*. Beannaíonn Con Leche dúinn go léir gach maidin. Beartaím leanúint orm ag breacadh beag beann ar an slua, agus diaidh i ndiaidh, cuirid chun bóthair. B'fhéidir go bhfuilid daichead a cúig neomat ar fad chun tosaigh orm. Buailim bóthar.

Is gearr go mbeimid sa chéad réigiún eile ina bhfuil proibhinsí éagsúla – cúig cinn a mheasaim. Den chéad uair tógaim roinnt pictiúr ar an bhfón póca. An t-aon locht atá air seo ná an mhoill, agus aird ar threalamh agus ar ábhar pictiúir. Níl bua na fótagrafaíochta agam, is baolach. Fós, má bhuaileann an fonn mé …

Talamh fhairsing churadóireachta anseo, na réchnoic treafa, deargtha, cuid den treabhadh doimhin. Tá faobhar fuar ar an ngaoth inniu, í ag síneadh isteach thar chnámh droma sléibhte Cantabria ó Bhá na Bioscáine. Aduaidh, cruaidh. Nílim feistithe i gceart, ná mo dhóthain éadaí agam don fhuacht. Mo lámha fuar ainneoin an tsiúil. Theastódh lámhainní. Caithim stopadh go rialta chun mo mhún a dhéanamh, ag an bhfuacht agus a bhfuil d'uisce á ól agam. Síneann conair an Camino anseo le príomhbhóthar náisiúnta an N-120, agus níl sé róthaitneamhach.

Ritheann an frása 'dá mbeadh an t-am agam …' liom, as béal duine éigin eile. 'Dá mbeadh an t-am agam, dhéanfainn … raghainn …' Cuimhním ar chreideamh mo mháthar, ar a dianchleachtadh reiligiúnda, mé ag teacht uirthi go minic i gcúinní gan choinne agus í ag paidreoireacht. M'athair, bhí sé patfhuar a dhóthain, cé gur fhreastail sé ar an séipéal. N'fheadar fós cá dtagann an Camino agus an creideamh Caitliceach go sainiúil le chéile, nó an bhfuilid spleách ar a chéile níos mó, ar aon tslí. Ní gá creideamh ar bith chun an Camino a dhéanamh, ar ndóigh, ach arbh ann dó gan cuid de bhuntuiscintí an Chaitliceachais a bheith mar bhonn leis? B'fhéidir go bhfuil an tuiscint seo ar an daonnacht, agus an daonnachtúlacht féin, dlúthfhite leis an gCaitliceachas. Braithim go bhfuil.

Trasnaím teorainn La Rioja le Castilla agus León, ach tamall isteach téim trí shráidbhaile Viloria de Rioja. Tá míniú ar an bpainéal ina thaobh. Anseo a saolaíodh Santo Domingo na háite a d'fhágas ar maidin, agus tá a umar baiste i dtaisce sa seanséipéal os comhair a thí in Calle de l'Annunción. Teorainneacha soghluaiste is dócha, agus an scéal a chur in oiriúint don tíreolaíocht – nó a mhalairt. Níl sé ag cur aon tinneas orm.

Tá fógra ar sheanchabhlach tí atá á athchóiriú go bhfuil €1 ar gach pictiúr a thógfaí, ach ní thabharfainn de shásamh dóibh é. Ar aghaidh linn a Longadáin!

Is gearr go dtagaim suas le dream go n-aithním a gcruth. John an tAlbanach agus roinnt Meiriceánach ó stát Washington. Buailim féin agus an tAlbanach chun cinn, ag caint, agus ciorraíonn beirt bóthar. Nochtann sé roinnt dá chúraimí pearsanta dom, agus táim ábalta ar mo thaithí féin a roinnt leis.

Tá an Camino seo tar éis greim snáithe a chur ann, agus é ag oscailt amach diaidh i ndiaidh. Faoin am a bhainimid Belorado, an ceann cúrsa, amach tá sé in am scarúint arís – eisean go dtí óstán agus mise ag smúrthacht. Tá sé leath i mo cheann agam leanúint orm, gan ach breis bheag agus 22 km déanta inniu, ach stadaim ag *albergue* paróiste chun a thuairisc a chur.

Buailim leis an *hospitalero*, Walter, istigh. Fear croíúil, fáilteach é, Eilvéiseach atá ag obair go deonach lena bhean chéile, Ruth. Halla ab ea an áit, agus stáitse fós ann mar a bhfuil an chistin.

'Tá fiche a ceathair leaba anseo againn, agus tá cúig cinn fágtha. Bíodh do rogha agat acu,' ar sé, 'más maith leat.'

'Fanfad anocht.'

'Maith an fear.'

Nuair a shuím, agus a bhainim an paca díom, sileann ualach an lae go dtí seo amach as na boinn.

Faoiseamh.

Bunc in íochtar a roghnaím. Gan aon ráille in airde. Ráflaí ag imeacht ó bhéal go béal i dtaobh feithidí leapa, agus sciatháin á bhfás anois ag na bastairdí. Cuimhnigh conas a bhí sa cheathrú céad déag agus daoine ite acu agus ag gach galar eile. Ní bhacaim le cith go fóill, ach siúl thart ar an mbaile. Tráth *siesta*, cad eile, buailim fúm os cionn caife agus bolgam bia ag léamh agus ag breacadh. Tá an *albergue* díreach le hais an Camino féin, cois na habhann. *Donativo* atá ann, is é sin go dtugtar síntiús de réir acmhainne. Meilearaí arís! Ní hionann síntiús agus gan pingin a íoc, fiú mura bhfuil ann ach cúpla cent.

Bíonn comhrá spéisiúil agam le Walter. Bhí Croch Chéasta na Liotuáine anseo roinnt laethanta ó shin, ocht nduine dhéag acu. Áirithint déanta acu leis an bparóiste ar an ríomhphost. Iad ar an mbóthar ó thosach na Bealtaine, tá 4,000 km siúil déanta acu, má tá. Bhíodar ag súil le cóiríocht ón bparóiste, agus fuaireadar. Arán, bainne agus mar sin de. Níor fhágadar cianóg rua mar shíntiús. Ní á chasadh leo é, is dócha nach bhfuil sé acu.

Deir Walter go dtagann muintir na Cóiré Theas ar an Camino, toisc gur aistríodh leabhar Pablo Coelho go Cóiréis tamall de bhlianta ó shin. Dúirt

Eilvéiseach eile liom, roimhe seo, gur fear gnó é Coelho, scríbhneoir, nár leag ordóg a choise ar an Camino riamh. Ní gá an Camino 'a shiúl' chun an Camino 'a dhéanamh' – ach nach *sa cheann* ar fad atá an Camino sin? Cén mhaith é sin? Cén claochlú? Pé scéal é, faigheann mic léinn sa Chóiré Theas creidiúintí ar a gcúrsaí léinn, má dheineann siad an Camino – agus deir Walter féin gur túisce a bheadh post tugtha aige féin do dhuine go mbeadh an Camino ar a CV, ná an té eile.

Tá roinnt Spáinnise aige – oiread agus a dhéanfaidh a ghnó leis na sagairt agus leis an bpobal – ach braithim drochmheas áirithe aige ar Spáinnigh a bhaineann leas as an *albergue* chun cúpla lá a chaitheamh ag válcaeireacht nó ar cuairt ag daoine muinteartha. Fiafraím de an bhfuil aon eolas aige ar phobal Giúdach na Spáinne – an chuid díobh a tháinig slán agus a chaith iompú (tá focal éigin sa Spáinnis nach ritheann liom ar an dream a d'iompaigh) – ach níl, muran *barrío* Giúdach a bhí thart orainn san áit ina bhfuilimid.

Faoi bhun faille atá an séipéal tógtha, agus uaimheanna gearrtha isteach san fhaill. Fuinneoga, doirse iontu, agus féach ansin, mias saitilíte crochta i gceann díobh. Deir fear amuigh ag siúl lena ghadhar go bhfuil teaghlaigh i gcuid díobh, agus péintéir go bhfuil stiúideó aici i gceann eile.

Tá Aifreann ar siúl ar a seacht agus freastalaím air. Roinnt oilithreach agus buíon seanbhan i dtosach an tséipéil – idir seachtó agus ochtó bliain cuid acu – pobal an Aifrinn anseo. Cé a bheadh ina shagart?

Tá searmanas beannaithe lucht an Camino ina dhiaidh sin agus deineann an sagairtín jab maith de. Ilteangach mar shearmanas, Gearmáinis, Fraincis, Béarla agus Spáinnis ar ndóigh. Oilithreach as gach teanga, bean óg ón nGearmáin, tagann tocht uirthi i lár an téacs aici féin. Tagann Walter i gcabhair uirthi. Is mó duine go dtagann tocht air le linn an Camino, den chéad uair ina saol b'fhéidir. Slí mhothálach, comhthreomhar leis an ngnáthshaol – leis an saol mór – é an Camino. Buillí rithimiúla an tsiúil, am chun am a chaitheamh leat féin gan aon éileamh mór ag fuadar buile an lae ort. Nó a leithéid.

Tá dealbh ghreanta San Séamas os cionn na haltóra, San Séamas fear maraithe agus teasctha na Mórach. Uch, fuil ar sileadh i ngach ball! Is breá leis na Spáinnigh an doirteadh fola.

Buailim sall chun greim bia a fháil i lár an bhaile. Faighim cuireadh suí chun an bhoird le ceathrar Spáinneach, ó bhean as Logroño nár thosnaigh ach cúpla lá ó shin. Tugann sí tuairisc dom ar thionscal fíona La Rioja, agus maíonn sí go bhfuil réimeas docht dian ann chun an *appelación* a chinntiú. Ní mór fíon Rioja a thál as caora *tempranillo* – 90 faoin gcéad – agus dhá shaghas eile caor sa 10 faoin gcéad eile. An fíon i mbairillí darach – ó Mheiriceá nó ón Fhrainc – caitear na bairillí amach tar éis cúig bliana chun an blas ceart a choimeád. Cuirtear srian docht ar líon na heicteár faoi chaora, ar chineál na hithreach agus mar sin de. Dream suáilceach iad an triúr eile leis, fir, agus ambaiste, eolas maith acu ar Shinn Féin agus Gerry Adams, ar Mhicheál Ó Coileáin agus ar ghin Spáinneach de Valera!

Faighim amach go bhfuil cáil na háibhéile ar mhuintir Bilbao – Ciarraígh Thuaisceart na Spáinne, nó Corcaígh ba chruinne. Tá an focal céanna sa Spáinnis – *fanfarona* – agus atá sa Fhraincis – *fanfaron* – ar an té a bhíonn áibhéileach, ag scaothaireacht, ag 'bóisceáil'. Ón Arabais a tháinig, a chím anois, isteach sa Spáinnis.

Fiche chun a deich atá sé agus an dinnéar caite, cuirim sa tsiúl iad mar gheall ar an gCatalóin, ach fágaim slán geanúil acu i mbun áitimh chun an *albergue* a bhaint amach sara múchfar na soilse.

Tá seisiún amhránaíochta timpeall an bhoird romham, agus sagart suite isteach. Deirim féin amhrán dóibh, ón stáitse-chistin, agus téim don súsa.

13. Belorado – Agés

24 Meán Fómhair

Seasaim amach go moch. Bolaithe úra amhscarnach an lae ó abhainn an Tirón agus na crainn sceithdhuilliúracha. Fíon úr an aeir, tá deoch ann ach na scamhóga a líonadh. Gan aon solas san fhaill. An séipéal oscailte ag Walter do na hoilithrigh ag gabháil thar bráid go moch. Gadhar ag olagón. Coiligh ag glaoch. Mochmhaidin Belorado.

Cailín amháin istigh go dtugaim gean di, is Giúdach í, a deir sí, go bhfuil cárta aitheantais ón tSualainn aici, í lonnaithe sa Fhrainc agus í á rá gur Iosraelach í. Lucht fáin sinn go léir ar dhroim an domhain seo. Tugaim gean don phobal Giúdach, ó bhíos i mo gharsún cathrach taobh leo i gCorcaigh.

B'fhéidir go dtugaimid gean don Eile gur Eileachas ionainn féin é, nó sinn féin faoi chló an Eile? Ach deir sí liom os cionn tae agus caife ag an mbord san *albergue*, gur tháinig na deora chuici cois abhann lá, ar an Camino. Tagann agus glanann na deora.

Siúlaim sráideanna cúnga Belorado amach ar an gconair, agus ag an mbruachbhaile, castar sagart na hoíche aréir orm. Tá sé ar a shlí chun freastal ar chlochar agus ar na Lauds maidine, ansin Aifreann ar a naoi. Manuel a ainm, gabhann sé buíochas as amhrán na hoíche aréir. Scaraimid.

Tailte oscailte, ag rith le fána, ag ardú, ansin le fána arís, iad deargtha don fhómhar. Barraí bainte, grán, agus na coinlíní in áiteanna. Bheidís glas san earrach, ach iad dearg anois. Saghas luí faoi a bhíonn ag an dtalamh san fhómhar, tráth sosa, ligean don ithir teacht chuici féin. Gan aon uisce tugtha liom agam, fanaim go mbainim sráidbhaile amach agus mo chandam anois agam. Tonn na n-oilithreach scuabtha tharam agus mé suite chun boird ag breacadh. Grian anois ann, agus fionnuaire na maidine glanta chun siúil ag Sol.

Seo liom an athuair agus mo mhoill déanta i mbun pinn.

Bhíos ag an mbord ar feadh dhá uair an chloig! Dheineas dréacht eile le Rosalía de Castro:

Cuando sopla el Norte duro
Nuair atá an ghaoth chruaidh aduaidh

Nuair atá an ghaoth chruaidh aduaidh
agus tine ag bladhmadh sa tinteán,
agus gabhann siad thar doras
gan pioc orthu, ina ngiobail, gortach,
deineann reolach dem mheanma

agus iad féin feannta go cnámh,
agus fágtar an croí ionam
cloíte i ngreim ar a gcuma-san
ar imeacht dóibh gan sólás
i ngreim an anró.

Leanbh a bhí ann
a chaill nós na ndeor,
seargann an dearóile an t-anam,
fágann na súile seasc;
leanbh agus seanduine
óna lámh go dtí a bhéal.

Saol an bhacaigh,
chomh hóg leis an bpeaca,
chomh sean leis an ngráin,
chomh lom leis an bhfírinne.

Loit an mhoill an tsiúlóid orm toisc go raibh an slua mór romham don aon
albergue amháin in San Juan de Ortega. Bhí sé sa mheá ar aon nós, go raghainn
ar aghaidh go dtí an chéad sráidbhaile eile, Agés, mar a bhfuilim anois.

Shiúlas cuid den tslí ón stad fada, le bean as Ontario, Ceanada, bean
stuama thart ar m'aois féin, ba dheacair í a dhéanamh amach faoina caipín.
Go Villafranca a bhí sí féin ag dul, agus ba ghairid liom mar thuras é.
Lig sí cuid dá buaireamh croí, dá hualach saolta, amach agus is dócha gur
iompraíomar a chéile, leis, smut den tslí.

Chroitheamar lámh, d'fhágamar slán, d'imigh sí, d'imíos-sa.

Dreapadh fada in aghaidh an aird ar Monte de Oca, tar éis Villafranca.
Timpeall a haon a chlog, an ghrian ón gcliathán clé, agus scáth áirithe ó

na crainn darach. Tar éis tamaill mhaith, bhain sé an leibhéal amach, agus chuaigh in aghaidh an aird arís. Rith cúpla dáinín liom feadh na slí, agus bhreacas i leabhrán eile iad.

Bhaineas barr Monte de Oca amach ar deireadh ag 1,120 méadar, mar a bhfuil leac chuimhneacháin do thrí chéad de lucht tacaíochta Franco ar lámhach na fórsaí poblachtánacha iad ansin. Is annamh a chífeá a leithéid, a deirtear liom, bíonn sé níos coitianta na leaca do na Poblachtánaigh a aimsiú. Ní leac róshuntasach í, i gcoincréit liath, fhuar. Tá truamhéil ag baint leis, mar gheall air sin, ar chuma éigin. D'éirigh slua Eilvéiseach amach as cóiste groí ar an mullach agus chuadar ag siúl ar an Camino – é a bhlaiseadh. Sléibhte mórthimpeall agus braistint úd na hairde. Chuimhníos ar Toblerone.

Tá suas le 9 km fós go San Juan agus caithim é a bhaint amach. Dreapadh arís i ndiaidh an leac chuimhneacháin, agus gan de chompánach agam ach mé féin. Áit cuibheasach sceirdiúil é. Radharc ag tráth amháin ar fhairsinge na sléibhte, cnámh droma Cantabria fágtha ar ár gcúl agus San Millán romham. Chuirfeadh an fásra cuid de shléibhte Chill Mhantáin i gcuimhne do dhuine, áiteanna iargúlta, coillearnacha agus bóthar garbh ag gabháil tríothu. Cuirim caint ar Spáinneach mná atá ag siúl ina haonar. Trí lá atá aici, as Zaragoza í, agus níl aon phaca róthrom uirthi. Bhí sí ábhairín amhrasach i mo thaobh i dtosach, ach socraímid síos, ag siúl agus ag caint. Ise ag múineadh Spáinnise domsa, mise ag múineadh beagán Béarla dise. Bainimid stad neamhoifigiúil amach ar an sliabh atá tuairim is 5 km ó San Juan de Ortega. Seastán ag beirt *chicas*, ceol á raideadh acu, torthaí ar díol, agus níos tábhachtaí, uisce. Níl foinse uisce ar bith go dtí San Juan. Líonann bean díobh mo bhuidéal as soitheach, agus tugaim euro di. Fiontraíocht áitiúil, an carr tugtha suas acu as ceann de na bailte máguaird. Deir sí liom, nuair a chuirim ceist uirthi, gur fearr go mór de bhaile é Agés ná San Juan, ach níl a fhios agam an dtabharfaidh mo chosa chomh fada sin mé. Tugann an bhean eile a huimhir teileafóin dom, ag tairiscint seirbhís tacsaí. Bheith in San Juan ar a cúig, thart air, a d'oirfeadh.

Bailímid linn, mé féin agus bean Zaragoza, agus siúlaimid linn chomh fada le San Juan. Síos le fána is ea é ar fad. Braithim go gceapann sí seo go bhfuilim beagán corr – tá an teas ag cur orm – agus nuair atáimid ar imeall San Juan, buaileann sí le Spáinniseoir eile, agus scarann sí leis an ainniseoir ag an *albergue de peregrinos*. Áirithint aici féin. Tá an tigh lán amach, daoine romham sínte amach, suite chun boird. Bainim díom mo bhuataisí agus mo stocaí, agus tugaim aeráil do mo chosa. Caife a ól. Seomra dúbailte amháin san ósta anseo ar €50, gan aon chuimhneamh agam ar fanacht ann.

Táim fós ag aeráil na gcos nuair a tharraingíonn tacsaí isteach. Buaileann an tiománaí isteach sa bheár, ceannaíonn buidéal uisce, agus seo leis amach arís. Seans go bhfuil mo chomharthaí sóirt tugtha ag an mbean ar an sliabh dó. Ní ligim faic orm. Siorc is ea mo dhuine. Aithním go maith a leithéid. Buailim bóthar. Bainim amach casadh isteach i gcoill. Tagann an tacsaí suas liom agus buaileann mo dhuine bleid orm.

''Bhfuil tú ag iarraidh dul chomh fada le Agés?' ar sé.

'Táim ag dul ann. Cé mhéad is ea é?'

'Thart ar deich euro.'

Dhá oiread ródhaor. Deirim leis go raghad ann de chois, agus ligeann sé scairt gháire as, agus glanann leis. Táim buailte amach mar gheall ar chlog ar mo sháil. Siúlaim ar chiumhaiseanna féaraigh. Tá, ar a laghad, scáth na gcrann agam ón ngréin. Tá mo dhóthain uisce agam. Ní mór eile na daoine atá ar an gconair. Triúr Iodálach, beirt bhan óg agus compánach fir. Faoi dheireadh, bainim Agés amach.

Na sluaite romham, ag suí thart. Súilaithne agam ar chuid acu. An *albergue municipal* lán. Téim béal dorais. An príomhthigh lán, ach leapacha aige i dtigh eile.

''Bhfuil sé i bfad?'

'Dhá neomat.'

'Cé mhéad?'

'Cúig euro.'

Bainimid an tigh amach. Seantigh mar a bheadh scioból, agus na buncanna faighte aige ar cheant nuair a bhí beairic nó príosún á ghlanadh amach. Is cuma liom. Leagaim uaim mo phaca. Íocaim as dinnéar, leis. €15 an t-iomlán.

Suím sa tsráid ag ithe smut de *tortilla* agus *pimientos*, ag teacht chugam féin. Gabhann fear óg sna fichidí tharam agus ionar GAA Chontae Thír Eoghain air. Ní ligim faic orm.

Tá cuma an scabhtaera nó an gheaingstéara ar fhear an *albergue*. Gruaig olúil slíoctha siar, duala ag na bunanna, paiste maol ar an mbaitheas, fáinní saora ar na méaranna, léine dhubh, cneas nach bhfeiceann solas an lae ach go hannamh. Gréisceach. Andalúiseach. Ó áit gar do Ronda – as Sierra de Ronda, agus é anseo le seacht mbliana, a fhaighim amach uaidh. Fiontraí mór Agés, aneas. Taitníonn sé liom áfach. Chuirfeadh sé a leithéid in Éirinn i gcuimhne do dhuine, thart ar 1972. Halla rince, *chipper*, gnó tacsaí, biongó á roinnt leis an sagart paróiste, aon rud a ghnóthódh pingin, agus ballraíocht i bhFianna Fáil (an uair úd!). B'fhéidir gur dhíol sé roinnt heicteár ar shleasa an Sierra, agus an seantigh chomh maith nuair a cailleadh a mháthair, agus bhuail ó thuaidh ar bhóthar ard na fiontraíochta. Ní bheadh cnap rómhór ag teastáil chun *albergue* a oscailt in Agés. Cá bhfios. An té a imíonn ón talamh agus ón gcré chun dul le gnó.

Nuair a fhillim ar mo sheomra leapa – tá sé cinn de bhuncanna ann – tá an tIodálach a bhí ar an gconair níos luaithe leis na mná óga ag spréáil na leapacha. Le heagla feithidí. Bainimse an bairillín de mo thocht féin agus caithim uaim é. Siúd na mná óga agus iad ag cóiriú a gcuid gruaige, á smidiú féin ambaiste, mar a bheidís ag dul amach don oíche. Daoine breátha iad, ón tSicil. 'Tagaimse ó Éirinn, Sicil thuaisceart na hEorpa.' Deinimid gáire.

Tá fear eile sa seomra, Iodálach eile, as Milano, fear a chuireann col ceathrar dom a bhí ina innealtóir, i mo cheann. Fear breá, suáilceach, réidh, meabhrach. É ag obair in Barcelona, tá cúig lá á dhéanamh aige, mar a ligeann a chuid oibre dó é. Tugaimid tamall ag caint ar an gCatalóin, agus tá léamh dá chuid féin aige air. Deir sé go bhfuil sainiúlacht Chatalónach á cur chun cinn le fiche bliain sna hinstitiúidí oideachais agus sna meáin go príomha. Na daoine óga anois ina náisiúnaigh Chatalónacha. Mar sin féin, a mhaígh sé, níl ach 25 faoin gcéad de phobal na Catalóine ón gCatalóin féin. Daoine isteach, a phós isteach, a lonnaigh ann, an chuid eile. Ní maith leis féin an chúng-náisiúntacht Chatalónach, mar a thugann sé air.

Fiafraím de cad a mheasann sé d'fhear an tí. Gáireann sé.

'Tá cáil an ghrinn agus na féile ar mhuintir Andalucia,' ar sé, 'iad níos croíúla go mór ná muintir an tuaiscirt.'

'Na Bascaigh san áireamh?' ar mé ag cuimhneamh ar mhuintir Bilbao.

'Sna scéalta grinn sa Spáinn, is fear mór téagartha, láidir, an Bascach, a itheann an-chuid bia agus a ólann mórán lena chois.'

Fágaimid mar sin é.

Caithimse dul ag ithe, tigh fhear an tí, agus buailim ar aghaidh. Suím chun boird. Cóiréach, fear óg, ógfhear eile as Meiriceá agus fear de m'aois féin as Vancouver le mo thaobh. Níl an bia thar mholadh beirte. Seo isteach triúr as Éirinn, ógfhear ionar Thír Eoghain, a mháthair agus 'uncail' – rábaire béalscaoilte, é chomh leathan agus atá airde ann, agus éadach fáiscthe ar a phlaitín, amach as Fleánna Ceoil na Seachtóidí. Tá siad glórach, tá tuirse orm, agus ní mór an fhoighne atá agam leo. Tá a dhóthain ólta cheana féin ag Fear na Fleá, ach tá an bhean séimh agus meabhrach. Gaeilge aici, ar a toil, nuair atá taoscán fíona caite siar. Ní chuirim puinn spéise sa chomhluadar go dtí go mbuaileann fear na hIodáile ó chianaibh, Marco, isteach.

Nuair a labhraim Gaeilge leis an mbean, cuireann sé dúspéis ann.

'Ní aithním,' ar sé, 'oiread is focal.'

Nuair atá an béile caite, tá fonn orm bailiú liom láithreach. Tá seal an bhéile tugtha ag Fear na Fleá ag éirí agus ag imeacht ón mbord.

Buailim leis amuigh.

'Téanam ort síos don phub ar an gcúinne, agus beidh an chraic againn.

Amhráin agus giotár a bhuachaill.'

'Táim róthraochta.'

Chíonn sé rud éigin uaidh, deineann leath-hap mar a bheadh coiscéim rince, agus imíonn leis de sciuird. Baineann sé bean amach – stróinséir go bhfios dom – agus tosnaíonn ag gabháil dá muineál agus dá guaillí, á gcuimilt.

Ligeann sí cnead le sásamh aisti.

Tá cait fhiáine an bhaile ag bolathaíl thart, agus éiríonn a gcuid eireaball ina gcolgsheasamh. Ag súil le cuimilt uaidh, is dócha. Tá madra á leanúint timpeall, n'fheadar an leis féin é.

Sorcas ceart. An teaspach a dhuine. Suím fúm ag caitheamh tudóigín, ag faire.

Buailim le mo lucht aitheantais Francach, fear agus an bhean a chodail os mo chionn tamall ó shin in Logroño. Bean seoigh ar a slí féin í, bíonn sí ag magadh faoi dhaoine, mé féin san áireamh. Deirim léi go bhfuil costas gearrtha ag fear na hAndalúise ar na blaincéid, agus go gcaithfidh sí féin íoc as anocht.

'B'fhearr liom an fuacht féin ná drannadh le blaincéid na hAndalúise.'

'Dreancaidí na drúise,' a deirimse.

Gáireann.

Buailim isteach sa bheár tamall, agus tá seisiún ó 1972 faoi lánseol. Fear na Fleá ag rá – ag beicíl – 'Óró Sé do Bheatha Abhaile' – lena thionlacan dhá nó trí chorda ar an ngiotár. Dá mbéicfeadh sé níos mó, shiúlódh Gráinne

Mhaol í féin isteach chun é a chur ina thost. Deir an bhean amhrán le Ó Doirnín, ach tá an iomarca gleo ann.

Bailím liom don súsa.

14. Agés – Burgos

25 Meán Fómhair

Ní dhúisím go dtí tar éis a seacht, uair an chloig sa bhreis ar an ngnátham. Chaitheas éirí as an leaba cúpla babhta i gcaitheamh na hoíche, agus bhaineas plaic as mo chloigeann ar fhrámaí miotail na leapa. Tubaist ar bhuncanna príosúin na hAndalúise!

Shil fuil ina slaoda le mo chloigeann sa seomra folctha i lár na hoíche, ach thuigeas nach raibh an scoilt ródhoimhin. Bhí leisce orm dul ag tóch i mo mhála sa doircheacht chun teacht ar stuif, ceann de na míbhuntáistí a bhaineann leis an ngnó seo, na *albergues*.

Scaoileas faoin gconair arís thart ar leathuair tar éis a seacht, isteach sna sléibhte tar éis tamaill. Ag féachaint i mo dhiaidh, babhtaí, bhí na sléibhte ón dá thaobh glanta leo treo eile, cnoic agus coillte go barr orthu, agus an talamh anseo arís deargtha. Chonac fógra amháin in aghaidh na fraiceála. Muilte gaoithe i gcéin, agus tamall uaim. Braithim anois go bhfuil stráice maith den Camino curtha díom, agus go mbaineann Navarra, na Bascaigh agus na Piréinigh le tréimhse eile.

Buailim liom in airde, tá tosach maith déanta inniu agam, go háirithe agus mé imithe ar aghaidh stad sa bhreis ar an gceann cúrsa, i.e. Agés. An saothar gur íocais as inné, cúitítear leat inniu é.

Feirmeoir nó aoire caorach amach romham agus cúpla céad ainmhí ar an Camino, ag gluaiseacht leo go mall. Istigh ina lár, na cloigíní timpeall ar an muineál ag cnagadh, tá súil agam nach gceapann siad gur cloigín seanreithe mo mhuga stáin féin.

Scoithim iad tar éis tamaill agus bainim an mullach amach. Crois anseo. Bhí baile spéisiúil, Atapuerca, ar mo chúl agus ba léir dea-chóiríocht air. Roinnt mhaith iarsmaí seandálaíochta ann agus ionad léirmhínithe. Gan faic oscailte an t-am seo de ló. Leathann an dúthaigh féin i bhfad siar, Burgos le feiscint anois tamall maith fós uaim. Botún eile ar maidin, gan mo dhóthain uisce a bheith agam. Bhí caife agus *magdalena* agus banana agam taobh leis an *albergue*. Alpaire mé ag an mbricfeasta, is baolach, béas atá agam ó m'óige agus a bhíonn á chasadh liom. D'ardaíos an *magdalena* as an gcóifrín agus thugas liom go dtí an cuntar é. Bhí fear an tí ag líonadh caife *con leche* agus ar sé:

'Iodálach tú, ab ea?'

'Ní hea, ach Éireannach.'

'Ó, shíleas gur Iodálach tú.'

'Mar gheall ar mo chuid Spáinnise?'

'Ní hea, in aon chor, ach ardaíonn Iodálaigh leo rudaí a chíonn siad os a gcomhair. Ní lorgaíonn siad pláta, ná eile,' ar sé, ag sá pláta faoin solamar milis.

Gháireas féin, ach bhí mo dhuine agus a bhéal chomh dlúite le gob crúsca.

Ní fhaca a oiread Meiriceánach riamh ar an Camino, agus cuid mhaith díobh meallta ag an scannán úd *The Way*. Sraith clár faisnéise leis, *The Six Ways to the Camino* nó a leithéid. Níor shíleas féin gur scannán suntasach é *The Way*. Níl aon ealaín ann, puinn, agus an scéal féin lag. Caitheann fíorealaín breith ar an síoraíocht, nó ar sceilp shíoraí, má tá sceilpeanna sa tsíoraíocht. Am nach am lasmuigh d'am na cruinne. Is cinnte go bhfuil síoraíocht de shaghas éigin ann, b'fhéidir in aigne nó in anam an duine nach bhfuil faoi shrian an choirp, ach an bhfuil aigne nó anam ann gan chorp? An féidir don aigne dul ar mhinicíocht éigin nach bhfuil ag brath ar aintéiní corpartha?

Buailim liom síos le fána, m'aigne ag rás beagán, agus faoin am a bhainim caifé amach tá spalladh orm. Ólaim líotar go leith uisce, agus tagaim chugam féin. Ní labhraim le héinne ar feadh na slí, agus táim ar imeall chathair Burgos faoin am go mbuailim le roinnt daoine as Bayonne agus an ceantar faoi scáth na bPiréiní ar thaobh na Fraince. George *Brass-ence* a dúirt an fear liom an tslí cheart chun ainm an tsárchumadóra agus an amhránaí úd George Brassens a rá.

Sin é a thugas féin riamh air. Ach, ó Bayonne ab ea é, a bhí dearmadta agam. Fágaim i mo dhiaidh na Francaigh, agus faighim céadbholadh na tionsclaíochta ar imeall Burgos. Clós mór athchúrsála miotail, agus ait le rá é, taitníonn sé liom. Cuireann sé saol m'athar agus saol na n-oibrithe longchlóis i gCóbh Chorcaí tráth, i gcuimhne dom.

Buailim le Spáinneach a deir liom an abhainn a leanúint chun na cathrach. Siúl fada, dian, gan taise atá ann, agus braithim gach coiscéim i dtreo a dheireadh. Muintir na cathrach ag baint sásaimh as a gcuid strólála, agus mo leithéidse béiteáilte. Bainim amach an *albergue municipal* ar a dó.

Foirgneamh breá taobh leis an Ardeaglais agus le ceanncheathrú Pháirtí Cumannach na Spáinne agus *Izquierda Unida Castilla & León*. Bíodh sé ráite. D'fhéachas isteach i halla an Pháirtí ach cead isteach ag 'baill chláraithe' amháin a bhí ann. Dream óg istigh, ach go háirithe.

Leaba na hoíche ar €5!

Thógas breá bog é sa chathair, agus mórán pleananna agam chun cuairt a thabhairt air seo siúd is eile. Bhuaileas le muintir Bhéal Feirste i lár na cathrach. Tá Fear na Fleá ag siúl an Camino lena ghadhar! Síneann sé siar in ámóg idir dhá ghéag crainn san oíche agus an gadhar in éineacht leis. Ní bhfaighidh sé slí san *albergue* in Burgos dá ghadhar, mura gcuirfidh sé i bpaca é. Duine an-chumasach an bhean, Gaeilge bhreá aici. Bhuaileadar leo ag lorg lóistín.

Chuas ar Aifreann *peregrinos* i séipéilín thíos faoin mbaile, féachaint cé a bheadh ann. Na mná úd arís, críonta agus péactha in éineacht, *Doñas* na Spáinne, bheadh sé spéisiúil aithne a chur orthu. Cuireann siad na súile tríot. Bioranta. Cruach Spáinneach. Tá domhan iomlán faoin Spáinn, faoina hanáil. Ní tír in aon chor í, ach réim aigne.

B'fhéidir go ndéanfaí Caitliceach ceart arís díom. Nó Críostaí féin. Thugas gean mo chroí riamh do dhréachtaí na manach agus na bhfilí, murarbh ionann iad, i dtréimhse na luathChríostaíochta in Éirinn, anuas go dtí an dara haois déag. Ar shlí amháin, in Éirinn, bheadh sé réabhlóideach anois a fhógairt gur Caitliceach, nó fiú Críostaí, tú. B'fhéidir gur fusa bheith i do

Chaitliceach thar lear ná sa bhaile. Faoi mar is fusa bheith i do scríbhneoir Gaeilge thar lear ná sa bhaile. Má deir tú le stróinséir ar an Camino gur file agus scríbhneoir tú, ní dheineann sé aon nath de. Bíonn ort a mhíniú in Éirinn, cén fáth gur scríbhneoir Gaeilge tú, faoi mar a mhíneofá do dhuine conas a bhain an timpiste díot a d'fhág gan lúth na ngéag tú – tubaiste nuair a thitis le faill. Tá fonn orm tumadh go doimhin sa domhan seo thar lear.

Dúirt Fear na Fleá liom inniu gur bhuail sé le mairnéalach de bhunadh na hÉireann ar an Camino, a bhí ina oifigeach cabhlaigh ar bord an tsubmuirín a chuir an Belgrano go tóin poill aimsir an chogaidh leis an Airgintín. Murab é a bhrúigh an cnaipe. Go maithe Dia dó é.

'Conas a bhraith sé ina thaobh anois?' arsa mé.

'Ba é an ceart é,' a dúirt sé le fear na Fleá.

'Vótáil muintir na Falklands go bhfanfaidís leis an Ríocht Aontaithe.'

Mar a vótáil na caoirigh inniu dul ar an gcnoc!

Oíche mhaith.

Buen Camino.

15. Burgos – Hornillos del Camino

26 Meán Fómhair

An-áis chóiríochta an *albergue municipal* in Burgos. Glan, nua-aimseartha, ardaitheoirí go dtí na hurláir éagsúla, ceithre leaba i ngach rannóg chodlata – ní seomraí iad, níl doras orthu – tochtanna maithe cruaidhe, cistin, áiseanna breátha níocháin agus mar sin de.

Dúisím ar a cúig chun a sé ar maidin. Cloisim cith ag stealladh. Solas pearsanta ó bhunc go bunc, nuair a éirím amach. Thíos atáimse, agus an fear os mo chionn, seasann sé taobh liom.

'Ar chuala tú an fear a thit amach as an mbunc i rith na hoíche?'

'Ceann éigin in airde?'

'Is ea.'

'Níor chuala faic.'

'Bhís i do chnap mar sin.'

'Fuaireas codladh maith ach dúiseacht le mo mhún.'

'Beireann an aois orainn go léir.'

Ógbhean Ghearmánach ag an Aifreann aréir, dhein sí leathchoinne liom bualadh léi ar maidin ag an Ardeaglais. Leathuair tar éis a seacht. In éineacht le roinnt ban as Ceanada atá sí ag siúl.

Cuirim mo mhála le chéile, stocaí fliucha ar crochadh leis, agus drárs glan.

Buailim amach sa tsráid, é fós dorcha. A cúig tar éis a seacht ar maidin. Caithim greim sa chaifé os comhair an *albergue* agus fanaim go dtí leathuair tar éis nó ina dhiaidh. Gan aon radharc ar bhean na Gearmáine. Ar aghaidh liom. Sráideanna maidin Shathairn sa chathair, agus gan aon chuimhneamh ag éinne ar éirí amach. Madraí an bhaile, cuid acu, ag imeacht leo.

Tá sé deacair na comharthaí muiríní, a bhfuil ann díobh, a aimsiú ach leanaim mo shrón amach as an gcathair. Glantóirí sráide, cúpla beár mochmhaidine, síos thar fallaí arda dúra i dtreo na habhann agus páirc phoiblí. Síneadh leis an ollscoil, agus siar amach. Bhí i gceist agam cuairt a thabhairt ar Mhúsaem Míleata na cathrach, inné, gan trácht ar an Ardeaglais, ach bhí an Músaem dúnta ach go háirithe. Faoin am a bhaineas an Ardeaglais amach, bhí sé sin leis dúnta.

Chuimhníos gurbh é Burgos ceanncheathrú Franco, agus deineadh céasadh

– faoi stiúir an SS uaireanta – ar phríosúnaigh phoblachtánacha anseo. Bhí droch-cháil ar Burgos, agus é tuillte aici. Nuair a tháinig fórsaí faisisteacha Mussolini i gcabhair ar Franco, is go Burgos a seoladh na saighdiúirí Iodálacha. N'fheadar cá raibh an Léigiún Condor, scrios-eitleoirí na Gearmáine a bhain leas as ár Gernika chun *blitzkrieg* a chleachtadh don Dara Cogadh Domhanda. Níl fúm Cogadh na Spáinne a athfhógairt i mo cheann ar maidin. Ach braithim go leanann doircheacht áiteanna, i bhfad i ndiaidh na ndrochbheart, agus nár chóir an doircheacht a scaoileadh leo ach an oiread.

Bhí an aimsir geallta breá – agus mé á scríobh seo tá an ghrian ag scalladh, agus mé sa scáth taobh le falla – ach is béas anois liom cúpla léine a chaitheamh go luath ar maidin, sula dtagann teas sa lá. Caitheamh díom ansin. Stopaim ag scairdeán, foinse, chun uisce a ól le mo mhuga agus lorgaíonn bean bhreá as an mBulgáir cúnamh chun buidéal a líonadh. Tá sí feicthe ann as agam le tamall, mar a bheadh gléas ceoil nach dtógfaí amach ach ó thráth go chéile agus siansa á sheimint.

Nílim ag cur caint ar éinne beo, an t-am seo de ló, breá nó eile.

Athraíonn luí na talún tar éis Burgos, na cnoic níos ísle ón gcliathán thuaidh, deiseal, agus iad ag géilleadh don leibhéal. Tá dreapadh ann áfach, agus scata mór cloch caite aníos ag an bhfuirseadh de réir mar a ardaíonn an talamh. Mianach na cloiche ag aistriú ón dearg go dtí an liathbhán, cailc nó aol seachas gaineamhchloch. Cuid de na fallaí cloiche, chuirfidís Éire

i gcuimhne duit. Táim go maith ar maidin, gan aon bheann agam ar an gclog ar mo sháil. Táim beagán níos glice ag siúl, leis, ag baint ciumhais féaraigh amach le hais na conaireach nuair is féidir é. Boige faoin mbonn, mo riail.

Tá mo lucht aitheantais glanta leo, ar mo chúl, nó chun tosaigh, n'fheadar cé acu. Tiocfaidh dream nua ina ndiaidh. Táim níos fearr anois i mbun comhluadar a láimhseáil. Tosnú amach liom féin, de ghnáth, mo rithim a aimsiú agus séirsí a thabhairt ó am go chéile. Cuimhním ar na sluaite iomadúla atá gafa romham leis na cianta, na scáileanna a shiúil romham, a shiúlfaidh i mo dhiaidh. Daoine feolmhara, corpartha tráth den saol, gan a scáil féin anois ann. Ar fhágadar rian dá laghad ar na mionchlocha seo a chaitheann mo bhuataisí aníos? Púdar bóthair. Ní chuireann sé mairg dá laghad orm, agus táim chomh haerach leis an bhfuiseog. Tá éanlaithe tosnaithe ag cantaireacht ar an stráice seo, maolchnoic treafa go mullach in áiteanna agus na comharthaí bóthair ag fógairt León agus Valladolid ar na mórbhealaí. Tá sraith miondánta ag imeacht i mo cheann, agus is maith é an siúl chun iad a chnagadh amach. Is iad mo chompánaigh iad. Iad a chumadh sa cheann i dtosach, le rithim an tsiúil, agus iad a bhreacadh ar ball má ritheann liom. Ní ligeann an siúl d'aon rud casta – ó thaobh na deilbhíochta – fás. Is é sin, ní ghéilleann an siúl don fhochlásal, don abairt mheáite, chasta, ach línte gearra, scoite ag barr na mbuataisí ag titim agus ag éirí. Sa cheann leis – is mó? – atá an rithim. Caitheann filíocht le dealramh teacht tríd an gcorp amach.

Na dáiníní seo a ritheann liom, táid simplí. Ach tagann an earra shimplí go minic as croí glan, ceann fuascailte ó gach imní. N'fheadar uaireanta ná go bhfuil an teagasc a bhíonn againn, bunoscionn ar fad – go leanann fiúntas an chastacht agus an aimhréidh – nuair a mheasaim anois gurb é a mhalairt atá fíor. Aois, leis, is dócha.

Tugaim mo bhuíochas do Dhia inniu, go bhfuilim ábalta don siúl. Turas cuibheasach gairid, gan an-chuid dua, suas le 21 km go Hornillos del Camino. An *meseta* ina dhiaidh sin a dhuine. Stopaim i sráidbhaile, leathbhuailte, chun sosa, caife agus *magdalena* – púdar milis – agus buailim fúm amuigh ag pleidhcíocht le línte.

Cé a chasfaí an treo ach an ógbhean Ghearmánach agus í ag sroichint deich nó cúig déag neomat i mo dhiaidh. Spéaclaí uirthi, téagartha go leor, paca mór uirthi, buataisí láidre siúil. Elena an t-ainm atá uirthi. Tagann sí i leith.

'Bhíos trí neomat déanach ar maidin.'

Cúig a chomharthaím le mo mhéaranna.

'Níl sé sin an-Ghearmánach, an déanaí,' a deirim, ag gáire.

'Maith dom é.'

'Níl tábhacht dá laghad leis. Faigh caife agus buail fút.'

Tá na mná as Ceanada go bhfuil sí ag siúl leo ag bord eile, ach ní mian liom dul ceangailte iontu. Ag caitheamh tobac, leis, go tréan a chím. Socraíonn Elena siúl i mo theannta tamall, le mo chead. Cuirimid chun bóthair gan aon mhoill mhór.

Bhí sí breoite ar feadh trí nó ceithre lá, an scornach ataithe, agus a pluca séidte ag an nimh ina sciúch. '*Chippy*' – *chipmunk* – a thug mná Cheanada uirthi, mar gheall ar na pluca. Frithbheathach a ghlan é. Bhraitheas ón tslí a dhein sí cur síos ar a tinneas gur mhó ná gnáthothar í, agus go deimhin, dúirt sí gur dochtúir nuacháilithe í agus go raibh sí ag glacadh le post mar ghínéiceolaí in ospidéal i mBeirlín, mí na Nollag. Ba é an Camino an fhuinneog ina saol idir bheith nuacháilithe agus nuafhostaithe. Caitliceach diaganta, ba í an Gearmánach gur tháinig an tocht uirthi agus í ag léamh beannacht na n-oilithreach tamall siar. Ní raibh aithne agam an uair sin uirthi.

Thug sí tamall ag obair mar intéirneach in ospidéal in Iarthar na hÉireann. B'ait léi cad as a tháinig na daoine go léir chun an ospidéil agus an tír chomh bánaithe, folamh ó dhaoine. Idir na Pacastánaigh agus í féin, chaitheadar lámh a dhéanamh ar Bhéarla Iarthar na hÉireann! Béarla breá aici féin, dhein sí miontráchtas ar an hormón ocsatóicin a sceitear tar éis bhreith linbh, agus a chuidíonn le máithreacha bainne cíche a chruthú agus a thál ar naíonán ar an gcích. Nús a thugtaí ar an mbainne sin, measaim. Nó maothal ag ainmhithe. Bhíodh an-dúil ag an seandream ann, de réir na scéalta. Is cuimhin liom go ndeiridís go mbíodh sé saibhir, buí. Deir sí go múchann ocsatóicin fearg na bhfear má dheintear é a spré sa chaincín, agus go ndeineann sé daoine réasúnta díobh. Ní bhíonn fonn imeachta níos mó orthu, ní mian leo dul ar fán óna gcéilí, ná ag fionnachtan eachtraíochta.

Níl splinc aici.

Bean óg bhreá éirimiúil i dtosach a saol oibre, scríobh sí a tráchtas i mBéarla, le súil go bhfoilseofaí aiste in iris léinn idirnáisiúnta. Níor thuig sí canathaobh nár fhreastail ach an fíorbheagán ar an Aifreann, ag cur san áireamh líon mór na n-oilithreach. Dúrtsa léi, nárbh aon phioc de mo ghnó-sa an méid sin.

Bhaineamar Hornillos del Camino amach ag fiche chun a haon agus bhí leaba agam in *albergue* faoi cheann cúig neomat ar €9. An dinnéar anocht i dteannta lánúin an-bhreá as Arizona. Leabharlannaí ise gur bhuaileas léi roinnt laethanta ó shin, agus é ráite agam léi nach raibh aon dán déanta agam ó thosaíos ar an Camino, ach an cuntas seo. Luaigh mé Rosalía de Castro léi. Dúirt sí go scaoilfeadh sí a cuid deamhan amach ar an *meseta*. Is gearr uaithi.

Thugas cóip de dháinín dóibh mar aon le haistriúchán Béarla. Thugadar féin an chéad oíche in óstán ó thosnaíodar, aréir.

Bhí leoithne anuas an tsráid anseo, Calle Real, thart ar am tae na hÉireann – a sé – go raibh mianach an tsíoda inti. Shuíos fúm faoi bhrat síoda na leoithne ar feadh tamaill fhada.

Aoibhinn.

Raghad a chodladh gan mhoill.

Buen Camino.

16. Hornillos del Camino – Hospital de San Nicolás

27 Meán Fómhair

Tá soilse pearsanta ag siúlóirí romham ag lasadh na slí. Maidin. Tar éis a seacht. Ní bheidh sé geal go ceann leathuaire. Bhí fonn orm cur díom. Shroicheas luath go leor inné agus bhí sos fada agam. Codladh maith aréir ach Otto os mo chionn sa bhunc ag iomlasc gach re tamall. Chuimhníos go raibh sé sáinnithe idir dhá fhalla Otto – palandróm.

Ag dreapadh dom gan mhoill amach as Hornillos, ólaim scata uisce. Tá tús maith déanta ar maidin agam. Bhí míthuiscint orm féin i dtaobh an *meseta* gur plánaí fairsinge curadóireachta go híor iad ar an leibhéal, nuair is é atá iontu, tailte fairsinge méithe curadóireachta ar an ard, anseo pé scéal é.

Gleannta réidhe, gan mórán doimhneachta ag síneadh tríothu.

Nuair a bhainimid an t-ard féin amach ag Alto Meseta, cad eile, leathann an *meseta* amach ar gach aon taobh, coinlíní sna goirt, muilte gaoithe ag síneadh soir agus siar, agus mothú úd na fairsinge nach bhfuil in aon áit in Éirinn ar an scála seo. Chaithfí dul go dtí na Stáit Aontaithe agus Ceanada is dócha nó soir chun na hÚcráine. Níl a fhios agam go baileach cén airde atá ann os cionn na farraige, ach é faoi bhun míle méadar. Cruithneacht is mó a chreidim, á fás.

Téann an chuid seo den *meseta* le fána arís tar éis achair ghairid – ciliméadar nó a leithéid – síos go San Bol atá beagán ar leataobh ón gconair, agus ar aghaidh suas arís go Alto eile ag 940 méadar ar an dtaobh seo de Hontanas. Faoi mar a bheadh an tír ag tarraingt anála go fóill sara bhfanfadh sí ar an ard. Síos arís isteach in Hontanas, agus é fuar idir foirgnimh arda an tsráidbhaile nach bhfuil an ghrian sroichte go dtí na sráideanna go fóill. Stopadh anseo don chaife agus don chrústa aráin, agus teacht ar bhord go bhfuil ga gréine á aimsiú, más fannlag féin é.

Díreach suite síos nuair a leagann Sualannach a mhála ag an mbord céanna. Fear níos sine ná mé féin, agus é feicthe ann as agam le tamall. Tá slite chun beannú duit, a deir 'fan uaim' agus slite eile chun 'tar ag caint tamall' a rá.

Görgen ainm an fhir seo, agus deinimid mionchomhrá. As fíordheisceart na Sualainne é, agus tá an Camino déanta as a chéile aige i mbabhtaí. Ach tá sé ag teacht arís is arís eile chun stráicí a dhéanamh. Is breá lena chroí é. Bean, a chuala sé ag caint ina thaobh ag tionól de shaghas éigin, a spreag a shuim an chéad lá. Níl d'aidhm ag an mbean seo ach grúpaí a threorú chuige, agus iad a thabhairt ann ar mhodh eagraithe más gá.

Tá sé in am bóthar a bhualadh arís, agus siúlaimid in éineacht. Táimid ag dul go Castrojeriz inniu, gan ann ach isteach is amach le 21 km. Beidh deireadh déanta ag Görgen ansiúd, é ag fáil bus ar ais go Burgos, uaidh sin go Maidrid, Cóbanhávan agus abhaile ar an traein chun na Sualainne. Síos an staighre ag an aerfort, isteach sa traein – fág faoi na Lochlannaigh é. Luaim féin Mankell agus Wallander leis, agus tá roinnt díobh léite agus feicthe aige. Luaim Thomas Tränstromer leis, agus deir sé gur 'filíocht a scríobhann sé siúd'. Pablo Coelho a thaitníonn leis féin. Fág faoi Pablo é!

Táimid ag siúl linn agus ag caint, gan mórán aird ar an gconair a thiteann go réidh, a leanann an mórbhóthar tuaithe tamall, agus a ghabhann thar fothrach mhainistir San Antón. 'Tine San Antón' ainm sna meánaoiseanna déanacha ar ghalar a scrios an mhainistir, pé galar é, fiabhras gan amhras.

Tá slí istigh, a chím, d'oilithrigh a fhanann ar an bhfiántas, agus casaim ar mo sháil go tapaidh amach as nuair a chím Fear na Fleá lena ghadhar.

Sa chomhrá dúinn, aithnímid gur gá bheith dílis do mheanma an Camino, a bheith freagrach d'oilithrigh eile agus gan an Camino a lot orthu, agus gan amhras, a bheith tuisceanach maidir le cultúr agus nósanna na Spáinne. Is é an rud a thuigim uaidh, gur deis é an Camino dó féin, a bheith i bpáirt le daoine eile. Ní bheadh an deis aige sa tSualainn aon phlé a dhéanamh le daoine mar a bhíonn aige ar an Camino. Is bocht an teist an méid sin ar an saol a chaithimid ó lá go lá.

Tagann Wendy, bean as Ceanada, inár dteannta ar theacht suas linn. Tá sí chomh lom, seang le cú, reathaí is léir, agus í chomh sprengtha le seanchlog aláraim. Bhíos ag caint léi ar feadh leathuaire cheana agus í ar an bhfón go dtí an fear céile in Vancouver lasmuigh d'*albergue* Burgos. Déarfainn go bhfuil sí ag rith cúrsaí sa bhaile, beo, ón Camino. An fear le teacht faoi cheann cúpla lá. Seans gur galar coitianta é gan a bheith mar a bhfuil tú, i do cheann ach go háirithe. Ní mór *gabháil mhothálach* leis a dhéanamh ar an Camino. Bheith ann, seachas a bheith ar sceideal éigin.

Ar aon chuma, tugaimid tamall ag caint, agus is culra Íoslannach Ungárach atá aici. Dealraíonn sé go bhfuil pobal mór Íoslannach in Manitoba Cheanada, ó lonnaíodar ann sna 1870idí tar éis tubaiste éiceolaíoch nó ghalrach a scrios pobal an oileáin sin.

Stopaim chun fanacht leis an Sualannach, atá imithe ag féachaint ar rud éigin, agus nuair a fhéachaim timpeall arís tá 'Speedy Wendy' bailithe léi. An seanchartún The Road Runner a ritheann liom. Dealraíonn sé go mbíonn sí ag fágaint earraí ina diaidh de shíor – fón, cártaí creidmheasa, pas etc. – agus go gcaitheann sí filleadh chun dul ag triall orthu. Beidh dhá Camino déanta aici ar deireadh thiar.

Bainimid Castrojeriz amach agus tá i gceist agam leanúint ar aghaidh. Tá sé in am agam cuid den dream seo a fhágaint i mo dhiaidh. Buailim leis an dochtúir nuacháilithe Gearmánach, Elena, sa tsráid. Tá mná Cheanada fágtha ina diaidh aici – 'bhíos ag déanamh a gCamino siúd, caithfead mo Camino féin a dhéanamh' – agus tá compánach uaithi, tamall, is léir. Suímid fúinn ag bord. Caife breá. Scáth faoi na seanáirsí. Tá an sprioc aimsithe don lá, más fíor, agus tagann leisce an Domhnaigh orm. Buaileann sean-Domhntaí isteach i mo cheann, má bhíodar riamh ann, agus tá fonn orm tráthnóna Domhnaigh a chaitheamh ar nós … an Domhnaigh. Isteach i siopa in aice láimhe liom – ceol suáilceach ar siúl, go híseal, in ómós don Domhnach. Seansiopa a chuireann seansiopaí ó m'óige i gcuimhne dom, gach rud carntha ann, hataí gréine, torthaí úra, nuachtáin, agus bean an tsiopa – duine de m'aintíní ina cruth daonna.

Tá tortóg atún aici i dteannta gach rud eile, tugann smut dom le blaiseadh, agus ceannaím blúire le tabhairt liom cé nach bhfuil dúil ar bith agam ann. Sin é an Domhnach duit, i nDomhnach. Tortóg. Nuachtán Domhnaigh.

Uisce. Cúpla cíobhaí. Bia agus deoch iad na cíobhaíonna.

Ar ais liom go dtí an bord, agus an Gearmánach ag fiafraí an bhfuilim ag fanacht. Bean eile ag bord eile, Bernie an bhean as Ceanada gur bhuaileas cheana léi ina haonar, fiafraíonn an bhfuilimid ag bualadh ar aghaidh. Táimse i mo Dhomhnachán! Tá 29 km déanta ag bean Cheanada, cheana, in ainm Dé. Tá sí tiomáinte, *wind*eáilte. Nuair a scrúdaíonn sí an treoirleabhar, socraíonn sí go bhfanfaidh sí socair. Níl aon leictreachas sa chéad áit eile, *albergue* San Nicolás.

Fágaim an nuachtán Domhnaigh gan léamh ar an mbord, agus buailimid linn, mé féin agus Elena. Is fearr an leisce Domhnaigh a ruaigeadh. Seo linn amach as Castrojeriz. Sliabh romhainn. Grian ag scalladh ach greim agam ar bhuidéal uisce. Níl fonn orm féachaint in aon treoirleabhar. Fána 10 faoin gcéad in aghaidh an aird. Tagann fuinneamh as an nua sna seanghéaga. Na scamhóga a líonadh. Searradh. Coisíocht. Tá sé dian. Ach cuimhním ar chuid de na siúlóirí móra ar m'aithne, fir nach ndéanfadh aon nath de chúpla sliabh nó trí a dhreapadh as a chéile. Inspioráid dom a leithéidí – *ionspioráid* – aer a thógaint isteach agus a scaoileadh amach, ar an gcuid is lú de. 'Tinfeadh' na SeanGhaeilge. Ní chuireann sé aon iontas orm gur féidir tarraingt as foinse nó foinsí iomlána na Gaeilge, gan teangacha eile a bhac go fóill, chun lámh a dhéanamh ar pé dúshlán a chaitheann an lá leat. É sin go leathmhagúil liom féin. Tá saothar uirthi féin, fiú, i gcoinne an tsléibhe. Seasaim an cúrsa. Ní mór a bheith aireach ar an ngrian. Tá leoithne fhionnuar lenár gcúl a chuirfeadh breall ort. Tá sé brothallach.

Buailimid le triúr Ioruach ag an mbarr. Tá sínteán fothana ann, agus iad suite sa scáth. Triúr fear, athair agus mac a déarfainn, agus cara seans.

'Bhí sibh ag imeacht an-tapaidh in aghaidh an tsléibhe,' arsa an fear críonna.

'Theastaigh uaim triail a chur uirthi seo,' ar mé.

'Nílimid féin ach an dá lá ar an mbóthar.'

'Tá sibh úr agus anamúil, mar sin.'

'Tá an ghrian dian.'

'Tá, don Ioruach go háirithe, is dócha.'

'Cad as sibh?'

'Éireannach mise. Gearmánach ise.'

'Fuaireamar ár neart ó Éirinn.'

'Slad agus fuadach! Bhíomar díreach ag caint air. Bhuel, tamall ó shin. Dán ag manach Éireannach á rá go raibh stoirm ar an bhfarraige agus gan aon bhaol anocht go dtiocfadh na Lochlannaigh.'

Gáire.

Bhí fána 18 faoin gcéad síos – é fógartha. An *meseta* ag síneadh ón dá thaobh, is ar an gcoisíocht atá an aird. Traochadh ag baint leis-sean féin. Leibhéalann amach ar deireadh, agus seo linn. Saghas mearbhall Domhnaigh cuid mhaith eile de. Í féin ag caint mar a bheadh tobar ag cur thar maoil. A muintir, agus a seanmhuintir, seanathair agus seanmháthair ó thaobh na máthar, thángadar ó Silesia laisteas de Krakow, pobal Gearmánach le dúchas ach a chaith aistriú amach as críocha na Polainne chun na Gearmáine tar éis an chogaidh. Díbeartaigh arís. Na 'cúlphacairí' a thugtaí orthu, mar nár thugadar leo ach a raibh ar a ndroim acu. Spéisiúil, i gcás na hoilithreachta seo. Sea, bhíodar fós beo, agus a muintir féin ag déanamh go maith dóibh féin. Dochtúirí teaghlaigh i bpáirt laisteas de Hamburg. Ag obair sé lá na seachtaine, iníon aonair í féin, agus caitheamh aimsire an athar, carranna luais, iad a thiomáint agus a bhailiú. An tseanmhuintir na tuismitheoirí ar shlí, ní raibh aon easpa uirthi, ná é. B'fhéidir gurb é tál an ghrá an earra is gainne sa saol.

Bhí a cara fir féin – a buachaill – ag déanamh leighis, leis, sa bhliain dheireanach, agus árasán á cheannach acu i mBeirlín. Céad méadar cearnach. Níor cheart ualach an té eile a mheas go brách, ach ligean leis.

Bhí an teas ag goilliúint orm, idir faobhar na cluaise a thabhairt di, agus fad an bhóthair. Bhí breis agus 30 km déanta agam, agus gabhal sa bhóthar. Ar dheis, saghas leithscéal de *albergue* i measc cúpla bothán agus tithe feirme ach é ar leataobh ón Camino; ar aghaidh, *albergue* nó Hospital San Nicolás, agus cúpla *albergue* eile i sráidbhaile Itero de la Vega. Dul ar aghaidh an t-aon rogha le dealramh. Bhí sé ag dul i ndéanaí. Bhaineamar San Nicolás amach ar deireadh. Ón taobh seo, taobh le droichead abhainn an Pisuerga, Puente de Itero, an seanfhoirgneamh ar chuma scioból cloiche. Oilithrigh eile faoin scáth.

Chuaigh sí féin isteach. Ní raibh ach breis is 2 km eile go Itero, ach ní raibh ionam siúl.

'Áit mhaith é seo,' arsa bean Fhrancach liom ar an mbinse sa scáth. 'Fuaris an ghrian. Tá tú ag rámhaillí.'

'N'fheadar cá bhfuilim.'

'Buail fút. Fan.'

Ó na hAlpa laisteas de Grenoble í féin. Chuir sí comhghleacaí oibre tráth, as Conamara i gcuimhne dom ar a dreach. Lom, gan pioc feola. Dath na gréine agus na gaoithe. Bean lách go deimhin. Cúig bliana caite aici ag maireachtaint in aice leis an gClochán agus leis an gCloigeann sna hOchtóidí.

'Níl aon leaba fágtha,' arsa í fein nuair a nocht sí, 'ach is féidir codladh ar thochtanna.'

'An bhfuilir sásta leis sin?'

'Táim.'

Donativo eile. É á rith ag beirt bhan mheánaosta ón Iodáil, ó Ascola ar chósta Mhuir Aidriad. Paola agus Anna. Tháinig anam sa bheirt acu agus mé ag comhlánú na bhfoirmeacha. Éireannach! Thaispeáin Anna cros Cheilteach brandáilte ar alt na láimhe deise dom. Idir futa fata Iodáilise agus Spáinnise, thuigeamar a chéile.

Seaneaglais dhíchoiscricthe – an Léigiún Mhuire a rith liom – ach nár chuma ach leaba na hoíche a fháil. Bhí fonn orm síneadh siar, ach ní raibh slí ann.

Beirt dheonach mo bheirt agus an áit le dúnadh i gceann seachtaine. Bhailíos liom síos cois abhann, shíneas ar bhinse, agus mo bhuataisí bainte díom. Ní fhéadfainn baint le huisce na habhann, an teorainn idir dhá phroibhinse in Castilla & León – Burgos mar a rabhas, agus Palencia ón taobh eile de dhroichead.

Bhí faoiseamh orm. Nuair nach ndeintear aon áirithint, bíonn éiginnteacht ag baint le leaba na hoíche. San éiginnteacht a thabhairt ar láimh atá cuid den oilithreacht is dócha. Tugtar aire dhúinn. Féach neamhspleáchas bean na hámóige, ag imeacht ó áit go háit. Bean óg, Lochlannach, spridiúil, chumasach, istigh léi féin. Crochann sí an ámóg mar a bhfaigheann sí an chaoi. Ach ansin, bhraitheas nuair a chuimhníos air, go mb'fhéidir gur bhain gortú éigin mothálach di tráth. N'fheadar. Chonac ag aclú i gcoill bheag le maide í, maidin mhoch, agus an ghrian ag éirí lena cúl. Is mó rud fánach a scuabfadh d'aigne. Gan aon teora leis an daonnacht, ná leis na cora a bhaineann an saol den duine.

Éiríonn gaoth an tráthnóna ar an *meseta* mar gheall ar an teas a bhailíonn agus a éiríonn i gcaitheamh an lae, sruth comhiompair (*convection current*), is dócha, agus bíonn teaspach léi. Fuaraíonn an *meseta* le titim na hoíche, á chuimhneamh go bhfuilimid ard chomh maith le bheith leibhéalta ar an airde. Go hobann bailíonn meaisíní, tarracóirí, innealra bainte, daoine ar rothair, fir agus mná. Téann siad sa ghort i m'aice, cois abhann, ag bailiú as an gcré atá cartaithe ag tarracóir rompu. Prátaí, gan amhras, fuíoll an tséasúir.

Ceantar talmhaíochta ó bhun go barr, agus a rian ar na daoine leis. Cnuasciúnta, ar chuma mo mhuintire féin.

Tá sé in am dinnéir. Buailim isteach. Coinnle lasta ar an mbord agus an slua beag, fiche duine, bailithe ar an altóir.

Tá Anna, *donativa* na hIodáile ar an altóir, clóca seanveilbhite go com uirthi, agus dhá shliogán muiríní ar crochadh lena brollach. Báisín aici, crúsca. Nífidh sí ár gcosa mar aithris ar Chríost agus an Suipéar Déanach. Buailim fúm, mise atá go deireanach istigh. Imíonn sí ó dhuine go duine, doirteann uisce ar leathchois, triomaíonn, agus pógann – le humhlaíocht. Áiféis gheamaireachta, a bhraithim i dtosach, ach géillimse chomh maith le duine. Níl aon dochar ann. Aiteas éigin.

Agus searmanas na gcos thart, suímid chun boird. Béile simplí in aisce, fíon don té a ólfaidh, agus croíúlacht ionainn de réir mar a chaithimid.

Buailim amach ina dhiaidh agus é dorcha. Tuigim cuid de ghliondar an *meseta* nuair a chím an spéir. Splancanna agus poncanna solais gan aon fhoirgneamh á milleadh, agus soilse rabhaidh ag caochadh i bhfad i gcéin ar na sraitheanna muilte gaoithe. Ré lán an fhómhair, ré dhearg na fola os ár gcionn, mar a bheadh sí sacraimintiuil. Níorbh aon ionadh go ndéanadh lonnaitheoirí agus treabhadóirí ársa na talún adhradh uirthi agus clocha a ardú agus a ghreanadh ina honóir. Thuigfí an nádúr baineann leis, an fhuil mhíosta ar sileadh léi in airde. Ó, Dia linn go deo.

Bhí sé fuar leis. Fear óg féasógach cneasbhuí dorcha as Napoli, ag canadh amhrán aoibhinn i gcanúint Napolitana istigh. Cá bhfaighfeá a leithéid ar dhroim an domhain?

Bhí an dinnéar á scor, an seisiún ina dhiaidh thart, agus tochtanna á leathadh ar urlár na seanaltóra. Coinnle amháin. Bhí áiseanna nua-aimseartha, ceathanna, leithris agus mar sin, i bhfoirgneamh eile ar chúl agus mo níochán seandéanta agam.

D'aimsíos mo mhála codlata. Shíneas. Thit mo chodladh orm gan aon mhoill. Nuair a d'éiríos amach i lár na hoíche, stumpa coinnle i mo ghlaic, mé ag priocadh na slí idir na tochtanna, chuas lasmuigh de dhoras.

Bhí sí féin in airde, dearg na fola léi, gan spéis dá laghad aici i mo chúram aosta.

17. Hospital San Nicolás – Villarmentero de Campos

28 Meán Fómhair

Ar a seacht a éirímid, oíche bhreá chodlata. Coinnle arís. An mála a phacáil. Níochán a bhailiú ón líne. Chomh tirim le cailc.

Níl aon siúl in aghaidh an aird inniu, ach fána réidh síos go sráidbhaile tar éis dreapadh gan dua. Canáil Castilla ina dhiaidh sin. Dá mbeadh an chéim den aistear á leanúint againn, stopfaimis ag an gceann cúrsa in Frómista. Go deimhin, dá mbeadh seans linn, raghaimis chomh fada le ceann cúrsa na chéad chéime eile go Carrión de los Condes. Ach bheadh breis agus 34 km ansin, a d'áiríos. Bhraithfeadh sé ar an lá agus ar theas na gréine.

Agus mé á scríobh seo anois tar éis an lae, tá gaoth úd an tráthnóna éirithe ina guairneán agus fionnuaire léi. Ceol meidhreach na n-éan i mo thimpeall sna sceacha, agus fonn bia orm. Sínte in ámóg níos luaithe – ní féidir scríobh in ámóg – chuimhníos ar dhán le James Wright, *'Lying in a Hammock at William Duffy's Farm.'*

Cuirimid chun bóthair agus bricfeasta caite in Hospital San Nicolás.

'Bí aireach ar an ngrian inniu,' a fhógraíonn bean na Fraince orm agus mé ag fágaint. 'Bhí tú buailte go maith inné.'

'Buíochas leat.'

Gabhaimid trí Itero de la Vega, an baile beag romhainn ar thuras an lae inné, agus áthas orainn nár shroicheamar go dtí é. Ar aghaidh linn, mé féin agus Elena, ag caint agus ag siúl, daoine nua a thosnaigh amach in Burgos ar an gconair. Tír churadóireachta, leamh a dhóthain, ach an lá ag gealadh mórthimpeall agus ag ardú na talún chun na spéire. Táimid in Boadilla del Camino, breis agus 10 km déanta, agus gá le sos agus caife. Gabhaimid thar an *albergue* go bhfuil an slua beag bailithe ann, agus bainimid *hotel rural* an-bhreá amach. Gairdíní, cóiriú orthu, agus fáilte thar tairseach isteach. Fonn orm féin bualadh fúm tamall agus suí liom féin. Dhá chaife *con leche* agus uibheagán. Airc orm tar éis na hoíche aréir agus siúl na maidine. Téim ag breacadh sa leabhrán seo, agus fágaim bean óg na Gearmáine i mbun a gnó féin. Níl ach na sé bliana fichead aici, aois a bheadh ag iníon agam dá mbeadh a leithéid ann. Ath-athair mé. Níl mórán taithí aici ar chogal agus branar an fhíorshaoil – pé rud é sin. Bean chumasach ar ndóigh, tráchtann sí ar a taithí oibre sa Tansáin agus in Martinique. N'fheadar cén fhaid a thabharfaimid in éineacht. Beidh a fhios againn é nuair a bheidh sé in am scoir.

Tugaimid tamall fada in Boadilla, agus an áit chomh breá, ach caithfear bualadh ar aghaidh. Ní fiú buntáiste an lae a chur amú.

Cois canálach a shiúlaimid tar éis Boadilla, an chonair ardaithe os cionn leibhéal na talún ar ár gcliathán clé, bealach tráchtála an ochtú haois déag, Canáil Castilla. Scáth ó na poibleoga anois, agus is gá é. Cúigear fear Éireannach i dteannta a chéile amuigh, ach níl fonn orm bualadh leo. Beannachtaí, sin uile. Tá aghaidh fidil bhreá orm le mo chaipín agus spéaclaí gréine.

Tagaimid chomh fada le Frómista, ceann cúrsa lae de réir treoirleabhair amháin.

Ní mór dúinn dul thairis, ach faoin dtráth seo agus é a haon a chlog, an ghrian go gangaideach sa spéir, ní bhainfimid Carrión amach. Deinimid moill bheag ag caint le cúpla duine. Otto, é dílis dá chompánach siúil, agus é ag feitheamh leis. Elena agus é féin ag stealladh Gearmáinise. Bíonn an saol ag daoine dochreidte ar uaire. De bhunadh na hÍsiltíre siar amach, bhain a shinsear – Otto – le seict Phrotastúnach a díbríodh chun na hÚcráine faoi scáth Chaitríona Mhóir. Nuair a tháinig arm na Gearmáine in 1941, cuireadh iachall ar athair Otto, Ábraham, a ainm a athrú. Roghnaigh sé Otto as liosta a tugadh dó. Ainm an bháis ab ea Ábraham. Díbríodh Otto agus a chlann tar éis an chogaidh, go hUragua, agus d'aistríodar ina dhiaidh sin go Winnipeg i gCeanada.

Seo anois é Otto ag feitheamh in Frómista lena chompánach as an mBrasaíl.

Tost atá idir mé féin agus Elena, sa bhrothall. Deannach agus smúit a bhailíonn na buataisí, na carranna, agus na scamhóga. Tá éinne go bhfuil ciall aige istigh á thógaint bog. Leábharaicí agus lucht drabhláis amuigh, cuma na hainnise ar chuid acu, tá braistint *frontera* ar an áit seo i lár tíre, ar an leibhéal, 700 méadar os cionn na farraige. Boladh smúite sa chaincín agus plúir mheilte. D'fhaighinn an boladh sin ó na muilte sna duganna i gcathair Chorcaí agus mé i mo gharsún. Bácáil an bhrothaill anseo. Siúl díreach romhat. Mionchlocha ag scarúint. Púdar á mheilt. Bolgam uisce rialta. Scornach a fhliuchadh. Píob a ghlanadh. Siúl. Gan aon rithim anois a bhuachaill, ach lodairt thromchosach ag tnúth leis an gcéad bhaile eile. Tá sé le feiscint i bhfad uainn ar an leibhéal, ach é gan baint amach go mbainfear amach é …

Población de Campos. Scairdeán i lár an bhaile. Scáth le taobh beáir. Beirt amuigh. Caithimid dínn na pacaí le falla. Isteach léi féin. Bainimse an scairdeán amach. Ar ais liom.

'Ní ligfidh siad dom an leithreas a úsáid go n-íocfad as an ordú, dhá chaife agus dhá rollóg.'

Tá sí ag lorg a spáráin.

'Raghad isteach i do theannta.'

Beár na hainnise, fear an tí agus t-léine bhrocach air, an Union Jack ar a tosach, tréigthe le hiomarca níocháin, bolg air, a bhean lena thaobh. Custaiméir garbh ag an gcuntar.

Triailim leithreas na bhfear. Glas air, glas a chuirfeá ar bhothán. Fógraí gur do chustaiméirí amháin an leithreas.

Tagann gomh dearg orm.

'Ná bac an áit seo. Téanam amach. Ná tabhair cent don fhocaeir.'

Ligeann sé béic agus eascainí linn ag imeacht an doras amach. Fonn troda orm féin.

Bailímid na málaí agus ar aghaidh linn, go stadaimid ag caifé suarach eile. Nuair a chuimhníos air, n'fheadar an é an Union Jack áiféiseach nó an glas docht ba mhó a dhein spréachta mé. Sin é an chéad uair gur bhuail an doicheall liom ar an Camino. Ait an rud é, agus sinn ag casadh isteach sa bhaile, rith sean-*western* liom agus bhaineas gáire aisti féin nuair a shíneas mo ghunnán samhailteach láimhe chun an *showdown* a fhógairt ar dhuine anuas an tsráid.

'Cheapas gur fear diaganta tusa agus tú ag an Aifreann,' ar sí féin, 'ach is é a mhalairt tú agus cosc curtha agat ar spioradáltacht.'

'Spioradáltacht, a chroí,' a deirimse, 'is rud eile é seachas cráifeacht. Téimse ar Aifreann, is ní le *devotion*,' a deir an t-amhrán Gaelach, 'ach le súil is go bhfeicfinn mo mhíle stór.'

Fanaimid inár dtost ar feadh na slí.

Gan faic le rá ach an sprioc a bhaint amach, Villarmentero de Campos. Stopaimid ar feadh deich neomat faoi scáth crainn. Revenga de Campos. Leanann *campos* gach diabhal áite anseo. Neadacha tréigthe na storc sna cloigthithe in airde, iad luaite go minic ag Machado. Beirt bhan rialta ag teacht as clochar. '*Buenos tardes* a shiúracha, an bhfuil aon *albergue* le dealramh sa chéad bhaile eile, nó bus as seo go Carrión?'

'Níl aon bhus ann. Bíonn ainmhithe agus éanlaith san *albergue* ach níl a fhios againn conas tá sé istigh.'

'Cén fhaid uainn é?'

'2 km.'

Siúlaimid romhainn trí smúit. Níl ionainn ach sroichint. Siúl fada díreach le hais an bhóthair mhóir. Bhí *opción* níos luaithe ann, conair ghlas a ghabháil, ach bheadh an *albergue* fágtha inár ndiaidh.

Táimid ann ar a ceathair.

Albergue leathfhiáin, ailtéarnach é seo, géanna, cearca, madraí, ámóga, tí-pí, buncanna, ach béile den scoth anocht. Tá sí féin sásta. Líonas féin mo bholg. Comhrá agam le bean scáfar as deisceart na Brasaíle le mo thaobh ag an dinnéar. Chorraigh sí mé ar chuma éigin. Í léi féin, ach creideamh láidir aici i nDia chun í a threorú. Thit luach airgid na Brasaíle, an *réale* go tubaisteach, agus tá cúig cinn in aghaidh an euro anois san áit go raibh níos mó. Ní mór di suas le 30 km a dhéanamh gach lá anois chun a sprioc a bhaint amach de réir a hacmhainne póca. Mo ghraidhin í. Cheannaíos cúpla gloine fíona di. Chorraigh sí mé go deimhin.

Táim ag dul a chodladh agus gan é a deich. Gealach aoibhinn arís anocht.

Buen Camino.

18. Villarmentero de Campos – Carrión de los Condes

29 Meán Fómhair

Ní dhúisím go dtí tar éis leathuair tar éis a seacht. Codladh go headartha! Nuair a bhainim an chistin amach, níl ann ach dornán, an Gearmánach óg san áireamh. Caithim greim. Níochán pearsanta le déanamh fós. Rogha inniu achar gearr a dhéanamh go Carrión nó dul ar aghaidh suas le 20 km eile, gan mórán áiseanna ar feadh na slí. Cén deabhadh atá ort, a deirim liom féin. Má bhainim Carrión amach, éireoidh liom bheith in Santiago fós roimh an sprioclá, 17 Deireadh Fómhair.

Ní sprioclaethanta atá i mo cheann inniu. Leisce i mo chnámha. Francach óg a dúirt liom é, caithfear éisteacht leis an gcorp.

Tá an áit seo greannmhar. Leath-*hippy*. Beár, cistin, campaí beaga do bheirt, tobáin mhóra adhmaid ar a gcliathán chun codlata, botháin chóirithe. Dream ón sráidbhaile istigh aréir ag ól, cuireann siad muintir Chúil Aodha sna seanlaethanta i gcuimhne dom. Cleití sna hataí, buataisí, caitheamh siar, cuideachta acu. Ní thuigfeadh an stróinséir an deichiú cuid dá mbeadh ar siúl. Tá muintir an *albergue* lách agus fial. Fuaireamar an-bhéile aréir ar €10. Líonadh, agus athlíonadh do bhoilg, dá dteastódh. D'alpamar é ar nós scata gadhar. Lintilí, anraith sicphiseánach, sailéad, pasta, friochtán lán de ghlasraí agus prátaí agus uibheacha friochta anuas orthu, agus mealbhacán groí ina dhiaidh.

Ar maidin, ólaim caife le triúr Bascach ón Spáinn, dream 'dhátheangach' a dúradar, 'díreach ar chuma na hÉireann,' arsa iad sin. Mo léan! Tugaim faoi deara rá a bhíonn i mbéala daoine anois, gur teanga 'an-deacair' a fhoghlaim í an Bhascais. Gan aon ghaol aici, ach gaol sínte, le teanga Eorpach ar bith eile. 'Níl sí cosúil le haon teanga eile.' 'Níl sí seo.' 'Níl sí siúd.' Chuirfinn geall nach mbíonn aon deacracht ag na Bascaigh, Bascais a thabhairt leo agus a labhairt.

Cén deabhadh a bheadh ort? Níl aon deabhadh ann. Tá an lá ar fad agat. Caitheann an lá an lá in am an lae …

Nuair a bhainim m'áit amach, tá Elena réidh don bhóthar. Táimid ag fágaint slán ag a chéile ar maidin. Ní mór dúinn dul ár mbealach féin feasta. Bean óg i mbarr a maitheasa mar í, ní haon chomhluadar i bhfad na laethanta di mo leithéidse. Braithim go bhfuil cuardach 'spioradálta' (a focal féin, níl mo gheas sáraithe agam) ar bun aici.

Fáiscimid a chéile agus imíonn sí léi.

Bhí seisiún maith amhránaíochta aréir ann, agus ambaiste, ach níor fhágas cáil na hÉireann in áit na leathphingine, gan cúpla ceann nó trí a rá. Lánúin as an Airgintín atá ina gcónaí san Afraic Theas, agus ceol spleodrach acu, í féin thar barr. Shín machairí ollmhóra na hAirgintíne, na *pampas*, idir na cluasa ag éisteacht léi. D'éirigh fear bocht ón gCóiré, a bhfuil ailse air, d'éirigh sé corraithe agus amhrán an-bhreá ón gCóiré á chanadh aige.

Táim breá sásta bualadh ar aghaidh liom féin. Bhíos leath ag cuimhneamh ar bhus a fháil ó Carrión go dtí an chéad cheann cúrsa eile, ach cuirim as mo cheann é. Coisíocht. Síneann an chonair taobh leis an mbóthar mór, agus radharc panóráma mórthimpeall ort in amanna mar a bheadh ar an bhfarraige mhór. Saghas farraige ar tír í an *meseta*. Tailte fairsinge treafa, fuirsithe agus lusanna gréine feoite

ó am go ham, iad le baint ar mhaithe leis na síolta iomadúla, a dheinim amach. Na tithe in áiteanna, íseal, mar gheall ar an ngaoth a shamhlóinn, mar atá i réigiún an Vendée sa Fhrainc.

Ní bhaineann an siúl ar maidin mórán asam, agus buailim fúm i sráidbhaile ar an tslí. Séipéal mór, Sancta Maria, mná tí ag triall ar an siopa, ag beannú dá chéile as a n-ainmneacha. Bualadh chun cinn an athuair. Beannaíonn duine de mhná Cheanada, a bhí leis an ógbhean Ghearmánach, dom amuigh ar an mbóthar. Tá sí féin agus bean eile den triúr ag fáil tacsaí go Carrión. Buailim féin ar aghaidh. Táim ag cuimhneamh an-mhór ar bhean na Brasaíle inniu – bean na hoíche aréir ag an mbord. Bhí sí leochaileach agus diongbháilte in éineacht. Í glanta léi fadó riamh ar maidin. Cuma

Eorpach, gheal, Ghearmánach uirthi agus go deimhin, Gearmáinis mhaith aici. Ach dúirt sí rud amháin, nuair a d'fhiafraíos di cad a thug uirthi an Camino de Santiago a dhéanamh: 'Teastaíonn uaim rud mór amháin a dhéanamh i mo shaol, agus go ndéarfaí i mo thaobh – 'Sin bean a dhein an Camino, a dhein rud le dealramh lena saol.'

Dá amhrasaí sinn i dtaobh gnéithe den ghnó ar fad, ní féidir a leithéid sin de rá a bhréagnú.

Níl sé chomh brothallach inniu agus a bhí, scamaill nimbeas ag bailiú, agus tá fáilte rompu.

Nochtann Carrión roimh mheán lae agus breis bheag is 2 km le dul. Táim ag ól scata uisce, ach bíonn orm stopadh go minic chun mo ghnó a dhéanamh laistiar de sceach. Dá mbeadh sceach ann! Ar na machairí loma seo, níl feochadán féin ann le dul ar a chúl. Chím uaim cúpla fás glas. Brostaím. Caithim uaim mo mhála.

Nuair atá mo ghnó déanta, buaileann oilithreach ag gabháil na slí bleid orm. Is í an tríú bean í de bhuíon Cheanada, an té nach bhfuair an tacsaí.

'Brenda', a deir sí, as Saskatchewan.

'Siúl baile é seo agamsa,' ar sí agus sinn ar comhbhuille. Canaim féin stéibh d'amhrán.

Tá sí ag dul go *albergue* Sancta Maria, tigh aíochta paróiste, atá faoi chúram ban rialta.

'Chuir cara linn ríomhphost chugainn cúpla lá ó shin, á rá go bhfuil sé thar barr.'

Is leor nod.

Tá scuaine ag an *albergue* agus áit curtha in áirithe di féin ag beirt an tacsaí. Sroicheann daoine eile ar an mbus chuige. Sin é mar a bhíonn. Tá fuílleach slí ar an mbaile.

Tá aer bog os cionn na mban rialta atá ag glacadh sonraí na n-oilithreach. Bean amháin faoi aibíd bhán, bean eile faoi aibíd dhubh. An bhean dhubh a phléann liom féin.

'Agaistínigh faoi aibíd bhán, Gréagaigh Cheartchreidmheacha faoin dubh.'

'Tá fuinneamh diamhair ag baint leat, a shiúr.'

'Ó, ba oilithreach mé féin tráth, sular ghlacas an aibíd. Tharla an casadh croí ar an Camino. Má theastaíonn uait an scéal a chlos, bí anseo ar a sé.'

Sin é an áit go bhfuil mo thriall anois.

Thugas tamall ag Tráth Easparta, agus bhuaileas amach. D'fhilleas chun freastal, le cúirtéis, ar an tionól ina dhiaidh le cuid de na hoilithrigh. Chuir na daoine iad féin i láthair, agus dúirt canathaobh go rabhadar ag déanamh an Camino. Dream diaganta cuid díobh. Meiriceánaigh cuid mhaith díobh agus muintir Cheanada. Leanann seisiún amhránaíochta *Amazing Grace* agus a thuilleadh de. Cuirim díom amach as. Tugaim faoi deara an tSiúr Magdalena, an Gréagach Ceartchreidmheach, ag caint ar feadh i bhfad le bean óg. Dúirt Magdalena gur dhein sí an Camino in 2009 chun Dia a lorg, agus seo í anois í. As Beirlín di. Ar shlí amháin, tá an Camino seo an-simplí mar a bhím a rá: bí ag siúl, bí ag imeacht romhat, sín siar, ith greim, nigh – do chosa, do chabhail, do chuid éadaigh – agus mar a dúirt sé féin tráth den saol, 'nigh d'intinn'. Shiúil Seán Ó Ríordáin a aigne féin mar a chuir Seán Ó Coileáin go cruinn agus go ceart é. Conas a shiúlann duine a aigne? Trí bheith ag siúl ina chorp leis. Ach ar ndóin, tá siúl agus siúl ann … siúl ina shuí agus ina luí a dhein sé féin.

Bímid scanraithe roimh an tsimplíocht – is dócha gur chóir an creideamh simplí a rá, rud eile é simplíocht. Fós. Ach tá áilleacht dá cuid féin ag baint leis, agus cumhacht éigin diamhair. Luisne an chreidimh, b'fhéidir nach bhfuil sé neamhchosúil le luisne an ghrá. Agus ina gcás-san, pé scéal é, is é grá Dé é.

Bhuaileas le fear Toulouse – Rodez na Fraince ba chirte a rá – sa tsráid arís inniu. Buailim leis, ann as, ar feadh na slí. Bíonn trí neomat cainte againn agus deir sé i gcónaí go gcaitheann sé fanacht lena bhean. Samhlaím go bhfuil sé ar adhastar nó ar iall aici, agus nuair a thugas sracfhéachaint air uair, chonac dath an choiléir ar a mhuineál.

Ní raibh sé inniu air áfach. Bhí sí féin ina codladh, agus an madra scaoilte. Shuíomar chun boird. Bhí leathphiúnt beorach aige. Caife agam féin. Tamall suáilceach ag caint, idir fheara, ar chúrsaí, rugbaí agus an Chemin Français. Dúirt sé 'Cheming' – agus chuimhníos gan amhras ar Michael Davitt. Mo ghraidhin é, agus é deich mbliana caillte i mbliana. A Chríost, nár bhreá an comhluadar ar an *Seiming Siar* seo é.

Táille €5 a bhaineann na mná rialta amach ar leaba na hoíche. Misean atá acu. Réiteach an bhia don dinnéar sa chistin, in éineacht leis na hoilithrigh. Áiseanna breátha acu. Tochtanna breise ar an urlár, gan daoine a chur ó dhoras. Caithfead greim de shaghas éigin eile a fháil ar an Camino. N'fheadar fós cad atá i gceist. Beidh leath an aistir déanta amáireach. Ar éigean a chreidim é.

Braithim go bhfuil lá leamh go leor caite agam, ach bíonn gá leis sin uaireanta. Chuaigh an slua chuig searmanas eaglasta anocht, agus d'fhilleadar chun dinnéir. Béile leathchuibheasach agam féin amuigh, i m'aonar. Thugas Rosalía liom. Bíonn sé deacair spás a fháil duit féin in *albergue* chun nuachtán nó leabhar a léamh, nó bheith ciúin i mbun do shuaimhnis. B'fhéidir go bhfaighinn seomra dom féin i gceann cúpla lá. Dul i leataobh uaidh.

Feicim ar fhógra san amharclann áitiúil go mbeidh leabhar nua, An Camino sa Gheimhreadh, á chur i láthair ann.

Una sombra tristísima, indefinible y vaga
Bíonn scáil ag cur thar maoil le brón

Bíonn scáil ag cur thar maoil le brón,
éiginnte, nach eol a sainchruth go fíor
ag imeacht faoi bhráid mo shúl sa tóir
de shíor ar scáil nach dual go deo di suí.
Tá a rún ceilte orm … ach níl fhios agam cén fáth
go scanraíonn a gcraos marfach mé;
nach ndéanfaid stad go deo, is nach gcasfar ar a chéile iad.

19. Carrión de los Condes – Moratinos

30 Meán Fómhair

Tá scuaine ag an doras ag lorg leaba na hoíche. Aithním roinnt daoine atá ina suí faoin scáth. Tá sé i ndiaidh a trí a chlog, agus seo é ceann cúrsa an lae, breis agus 26 km. Terradillos de los Templarios, *albergue* Jacques de Molay.

'Tá áirithint agat?' ar sí leis an bhfear thall.

'Tá. Irlanda.'

'Hollanda.'

'Sea.'

'Níl aon áirithint anseo.'

'Tá cúigear againn ann.'

'*Irlanda,*' arsa mise, '*non es Hollanda.*'

'*Á, sí, you are Patrick.*'

Gabhann mo dhuine buíochas liom – *gracias* – agus táimse folaithe go maith. Ní ligim faic orm.

'Tá an tigh lán anois.'

'Gan oiread is leaba?' ar mé.

'*Non,* an chéad sráidbhaile eile. 3 km.'

Buailim amach as. Tá gomh orm, chugam féin is mó. Teaspach a dhuine, agus gach mallacht agam ar an lá. Brothall. Ocras. Púdar smúitithe go scornach. Agus mura bhfuil áit acu sa chéad bhaile eile? Cén plean? Mór an t-amadán tú gan áirithint a dhéanamh. Deinid ar fad é. Tá ciall acu. B'fhearr liom an lá a fhágaint faoin lá. Á, cac asail. Tá an ghráin agam ar an tseafóid seo, oilithreacht mo thóin – rás mochmhaidine chun a bheith chun tosaigh … Pé scéal é, is oilithreach pinn mise. Bainim leo agus ní bhainim san am céanna. Ar an dá shlí atá sé uait, ab ea, a phleidhce. Ba mhaith liom bheith barántúil, iomlán ionraic, *albergues* a chleachtadh …

Caithfead lá sosa a thógaint, an tuirse ag gabháil lastuas díom ag deireadh an lae. Codladh maith. Ach ní leor é. Theastódh lá iomlán sínte ar leaba, ag bualadh amach ar mo shuaimhneas, ag léamh an nuachtáin, ag máinneáil. Ceann de na laethanta gur cuid den saol iad.

Siúlaim ar aghaidh le hais an bhóthair agus mé ag tafann orm féin. Ní fada go nochtann an sráidbhaile, Moratinos nó Castillo de Moratinos …

Thosnaíos amach luath go maith, tar éis a seacht. Bhí roinnt mhaith Áiseach san *albergue* in Carrión, muintir na Cóiré Theas. Nuair a dúrt le duine díobh gur Éireannach mé, ní raibh a fhios aici ó thalamh an domhain cá raibh an t-oileán.

Chaitheas bricfeasta éigin. Bhí duine de na siúracha suite chun boird, í siúd go raibh 'luisne na naofachta' inné uaithi. Dheineas mo mhachnamh idir dhá linn, agus tuigeadh dom gur maorsháirsint í, i mbun earcaíochta, agus 'Tine San Antón' sna súile aici. Dúrt aréir go raibh 'fuinneamh diamhair' inti, agus ar sí: 'Tá mainistreacha d'fhearaibh againn leis.' Ní rabhas ag iarraidh dul in aon mhainistir in ainm Chroim!

D'iniúch sí na pasanna ar fad, cheistigh gach duine go mion – mná go háirithe – agus bhí an dinnéar comhluadair aréir ann tar éis an Aifrinn ar a hocht. Chuas féin a chodladh luath, agus giotár mná rialta mar shuantraí agam.

Ní bhéarfar orm arís.

Chuireas chun bóthair agus mé meáite ar dhream cráifeach a sheachaint. Tá mo thuiscintí, mo nósanna, mo chleachtais féin agam agus ní haon ghnó d'éinne eile iad.

Miúin siúil. Urnaí meanman.

Lá ar an leibhéal ab ea arís inniu é. Bóthar caoldíreach Rómhánach, cuid den *Via Acquitania*. Faoi scáth na bpoibleog ar uaire, na tailte fairsinge ag síneadh ón dá thaobh go híor. Raon 360° de thalamh treafa, deargtha, nó lusanna gréine feoite. Thuigfeá *agricola* ar deireadh. Innealtóir a leag amach an bóthar …

Caius Ingenerius … Ingearán ar thalamh, ardaithe os cionn na bpáirceanna. Samhlaím é lena mheitheal fear, a chuid maor. Concas na Róimhe, bóithre go León, garastún mór, cé mhéad saighdiúir *léigiúin* a bhí ceaptha bheith i leithead bóthair? Níl sé ar bharr mo ghoib agam. Triúr nach ea? Féach romhat, triúr faoi éide, cúng go maith … Saighdiúirí ag máirseáil, *mille passus*, nach tríocha a cúig míle sa lá faoi éide agus airm a bhíodar ceaptha a dhéanamh? Níorbh aon dóithín iad … Ba é an bóthar seo *autopista*, mórbhealach na haimsire, carbháin soláthairtí, cairteacha, daoine i mbun gnó, saighdiúirí, capaill agus daimh, miúileanna, bhí sé gnóthach. Seans maith nach raibh cead taistil air ach ag daoine go raibh pas acu … Caoldíreach, gan chor … táille ar an *Via Acquitania* … dola-bhóthar (ugh!) … Cé mhéad Impire Rómhánach a tháinig ón Spáinn? … Ginearáil cháiliúla, leis … bhí stair na Róimhe agam tráth …

Caitheann sé an t-am. Táim ag faire amach do mhaide leis, agus aimsím ceann, craobh a baineadh cheana, níor mhaith liom géag ghlas a lot. Tugaim liom é, á scamhadh ar feadh na slí. Níl aon áiseanna, puinn, ar an *Via Acquitania*, ach saghas sínteáin nó botháin ar leataobh na slí. Buailim fúm, agus ní fada go dtagann an lánúin Fhrancach go dtí an bord, fear Toulouse, mar a thugaim air, agus a bhean chéile leis an iall, ina dhiaidh. Dominique is ainm dó féin agus Clairette ise. Lánúin an-sona iad. Gruaig liath, bearrtha go teann air féin, éadan cearnógach, cúpla líonadh óir sna fiacla; cuma leath-Indiach uirthi féin; cneasbhuí donn, gruaig dhubh, folt flúirseach, fáiscthe don siúl.

Ise a iompraíonn na mapaí, pleananna an lae. Ise an stiúrthóir. Ach is cuma leis féin, ach a bheith ina teannta. Is cuma leis coiléar, iall, srian, adhastar!

Bíonn Francaigh mall, tomhaiste ag cur aithne ort. Diaidh i ndiaidh is ea é. Tamall cainte inné. Tamall eile roimhe sin. Eolas a fháil. Labhairt leis an mbean. Cad déarfá leis an mboc seo, agus mar sin de.

Ise is túisce a labhrann ag an mbord. Nuair a thagann sé féin leis an gcaife croithimid lámh le chéile chun *bonjour* a rá.

Tá gach aon lá déanta amach acu.

'Tá Éire agus an Fhrainc in aghaidh a chéile sa rugbaí ar an 11 Deireadh Fómhair. Ba chóir go mbeimis sa Ghailís go maith faoin dtráth sin.'

Gabhann sí féin trí na mapaí agus na doiciméid.

'Beimid sa chéad áit eile tar éis O Cebreiro', ar sí …

'Táimid le bheith seasca sé lá ar an mbóthar ó Le Puy go Santiago,' ar sí. '€70 sa ló ár mbuiséad sa Fhrainc, níos daoire ná an Spáinn.'

'Sin tuairim is ceithre mhíle euro ar fad,' a deirim.

'Bhí breithlá seasca bliain againn le déanaí, agus nuair a fiafraíodh cén bronntanas a bhí uainn, is é a dúramar – airgead. Chun íoc as an dturas seo,' ar sí.

'Is fearr é ná dul go Maracó.'

'Tá ár Maghreb féin againn in Toulouse. Ceantair na nArabach. Ní féidir dul iontu,' ar sé.

Thuigeas uaidh cheana gur chuaigh sé ag obair in aois a cúig bliana déag, gan scolaíocht ina dhiaidh sin. Spáinnis dheas ag an mbean, agus deir sí go bhfuil roinnt Béarla leis aici. Deinimid mionchomhrá eile, agus éiríonn chun imeacht. É féin an miúl, paca 12 kg aige, í féin, paca lae. Is breá an bheirt iad.

'Tá an bia agamsa,' arsa é féin.

'Ach tá an t-airgead agamsa,' ar sise.

'Is dócha go gcaitheann sí cúpla bonn chugat tar éis an lae.'

'Deineann, agus is é mo dhóthain é le haghaidh beorach agus cúpla toitín.'

Chuas chun mo bhille a íoc, bhíos 40 cent gann, agus chuir an cnapán ainniseora i mbun na háite iachall orm nóta €50 a shóinseáil ar mhaithe leis. Go gcaca sé clocha go bhfuil faobhar lainne orthu!

Bhí an siúl ina dhiaidh go Calzada de la Cueza, leadránach, dian ar an gceann. Cuid den Camino é sin, leadrán a láimhseáil. Triomaíonn ár nguí, leis. Spéisiúil ar a shon sin, a rá is nach eol dúinn a leithéid de thírdhreach in Éirinn.

Bhí áthas orm an baile beag a bhaint amach thart ar leathuair tar éis a haon déag, agus shíneas siar faoin scáth ar feadh tamaill is mo stocaí bainte díom agam. D'úsáideas an *compeed* deireanach ar chlog ar mo sháil. Tá cúpla ceann beag eile leis ar mo chos, ach níl aon ghearán agam.

D'fhanas rófhada ar mo shuaimhneas, liom féin, agus bhí sé a haon nach mór faoin am a chuireas chun bóthair an athuair.

Shín an chonair leis an mórbhóthar, cuid mhaith, i dtosach, ach is beag carr a bhí amuigh. Cloíonn na Spáinnigh go dílis lena rithimí laethúla – agus gach áit, sna bailte ar aon chuma, dúnta go dtí a cúig. Bhí an siúl dian go leor mar gheall ar an teas, ach bhí mo dhóthain le hól agam ar feadh na slí. Lánúin Astrálach go mbuailim leo ó am go ham, a bhí romham tar éis sráidbhaile Legidos. Ní raibh comhrá ceart fós agam leo, ach tá an-chion ag oilithrigh eile orthu. Tá an bheirt acu sna seachtóidí go hard, a déarfainn, Ken agus Jenny, agus bíonn siad ag siúl rompu go socair faoina luas féin. Í féin chun deiridh, alt na coise clé ag cur as di, ach í ag imeacht ar a buille riamh is choíche. Hata tuí dearg inniu uirthi. Bíonn sé féin ag caint leis féin os ard, chloisfeá tamall uait é.

'Conas atá an misneach?' a fhiafraím.

'*No worries mate, just keep going 'til we reach Santiago.*'

Deinim mionchomhrá leis, agus buailim ar aghaidh. Tá cur amach aige ar an áit in New South Wales go bhfuil mac liom ag obair ann.

Bhí faoiseamh orm, mar a deirim, an *albergue* in Terradillos de los Templarios a bhaint amach ach cuireadh ó dhoras mé …

Chuireas na 3 km díom. Mar a tharla, tá suaimhneas anseo in Moratinos, gan ach dornán beag eile ag fanacht ann. Ag roinnt seomra le fear óg ó Oileán Mhanann, agus spéis mhór aige i nGaeilge Mhanann. Bhí clár i Manannais aige ar an raidió. Leaid breá, múinte agus eolach ar a chultúr féin. Bhí saghas náire orm féin nuair a dúrt leis go seolaimid thar Manainn go minic ar ár slí go hAlbain. Dúrt leis gur thaitin taifeadadh Ned Madrell ag rá an 'Ár nAthair' go mór liom – murab é Séamus Ennis a thóg uaidh é, anois a chuimhním air. Deir an leaid liom go bhfuil scoil Mhanannaise i lár an oileáin, in St John's, agus go bhfuil nasc idir Ned agus na cainteoirí Manannaise atá anois ann, sa mhéid is gur cainteoirí iad a d'fhoghlaim an teanga ón nglúin deireanach cainteoirí dúchais.

Buntáiste amháin a bhaineann le saothar breise an lae inniu go bhfuil dream fágtha i mo dhiaidh anois agam. N'fheadar fós i dtaobh lá sosa, níl

Sahagún ach 9 km romhainn, agus bhíos ag cuimhneamh gur mhaith an áit é chun fanacht ann.

Ghabh carr patróil Guardia Civil go mall ar an Camino inniu, agus sinn ag teacht chomh fada le La Calzada. Mar gheall ar chorp mná a bheith faighte sa cheantar é sin. Oilithreach ó Mheiriceá ab ea í. An créatúr, ghabh sí slí iargúlta – mar is féidir a dhéanamh ó am go ham – agus d'athraigh an dúnmharfóir na comharthaí, is cosúil, chun í a chur amú agus isteach ina ghaiste.

Bíonn mná leochaileacha, go háirithe, ar an Camino – cuimhním ar bhean na Brasaíle, agus is fuirist do dhuine drochmhianaigh teacht i dtír orthu.

Buen Camino.

20. Moratinos – El Burgo Ranero

1 Deireadh Fómhair

Chuireas díom ag ceathrú tar éis a seacht gan é ina amhscarnach fós. Orion agus Cassiopeia agus Ursus fós i réim mar a déarfadh na seanfhilí agus na seanloingseoirí. Táim suite anois i lár bhaile Sahagún, ag Bar Miguel, á bhreacadh seo. Níl aon fhonn orm imeacht, an ghrian os cionn na ndíonta, agus an teas ag cruinniú san aer. Soláthairtí agus cártaí poist agus airgead a thug isteach i lár an bhaile mé. Ní éiríonn na Spáinnigh amach i gceart go dtí tar éis a naoi, agus bíonn na bailte ag míogarnach go dtí a deich. Buaileann an seandream amach, buaileann thart, ólann taoscán, luíonn ar na maidí i mbun comhrá. Braithim go bhfuil Camino de shaghas eile á chaitheamh agam le cúpla lá. M'aimsir féin a thógaint, siúl chomh fada le mo chumas, agus áiteanna níos ciúine a lorg chun fanacht iontu. Tá cuid de na *albergues* mar a bheadh stáisiún traenach, agus tá mo dhóthain agam díobh. An t-aon mhíbhuntáiste a bhaineann le mo rithim, nach sroichim go dtí déanach sa lá, abair a ceathair a chlog inné, agus bíonn an chuid is teo den lá agam ag siúl … Tá an tríú seanfhear tar éis suí ar an mbinse os mo chomhair anois, agus maidí an triúir le chéile ag tógaint sosa leis … samhlaím comhrá na maidí … dom féin.

Tagann dhá Camino le chéile in Sahagún, an ceann aneas as Sevilla agus ár gceann féin ó St. Jean. Ag teacht isteach sa bhaile tamall ó shin, chuir sé Trá Lí i gcuimhne dom. Ní bhfaighfeá blúire *tortilla* agus caife *con leche* i dTrá Lí ar €2.80.

Cén deabhadh a bheadh ort …?

Mura n-imeod, beidh thiar orm … caithfead uisce a fháil …

Mheasas go raibh deireadh tagtha leis an *meseta* ach athrú crutha a bhí i gceist. Thóg an *meseta* sos i measc na gcrann agus na gcnocán, roinnt fíonghort, *bodegas* traidisiúnta cré faoi mhullán fód, roinnt sruthanna, agus d'aimsigh athanáil. Bercianos del Real Camino ceann cúrsa lae, don té a dhéanfadh an turas ón áit a díbríodh mé féin inné, ach caithim bualadh ar aghaidh uaidh, agus dul go dtí an chéad bhaile eile, El Burgo Ranero, 7.5 km ina dhiaidh. Tá na cloig ar mo chosa ag leathadh, méaranna beaga na gcos san áireamh, agus ó saolaíodh mé tá ceathrú orlach breise faid sa dara méar choise, a fhágann go bhfuil cloig ar an dá cheann ag meaitseáil a chéile.

Mórán den chonair inniu le hais an bhóthair, líne dhíreach – Caius Ingenerius i mbun oibre arís – agus poibleoga óga chun scátha. Chonac an chéad traein inniu ó d'fhágas an Fhrainc – an mhearthraein Spáinneach Renfe – agus nuair a stopas chun caife agus ceapaire a fháil i mbeár in Bercianos, chonac ar an bpáipéar áitiúil *Diarió de León*, nach bhfuil ach cúpla lá ann ó thosnaigh an mhearsheirbhís idir Maidrid agus León.

Bodega traidisiúnta eile díreach os mo chomhair anseo, ach bhí áthas orm cur chun bóthair arís ainneoin na leisce. Inné, dúirt Clairette, an bhean Fhrancach liom, go raibh milliún agus seacht gcéad míle coiscéim déanta aici de réir an áireamháin choiscéime a bhí aici. Chuile dhuine agus a anró féin aige, mar a dúirt bean Chonamara.

Agus mé ar tí fágaint, mé ag glanadh an bhille ag an gcuntar, bhí fear aonair seasca éigin bliain ina shuí ag ól fíona. Bheannaíomar dá chéile, eisean lena *bonjour*. Dheineamar dreas cainte. Cuma gharbh, leathchloíte air, spéaclaí, gruaig liaite lomtha, cuma chaite ar a aghaidh, paistí bána ar a dhá chois, fad stoca díobh, mar a bheadh bléas ar chapall. Bhí sé ar an wi-fi ag an gcuntar.

'As Ceanada tú, ab ea?'

'Ní hea, ach Éireannach.'

'Ní labhrann Éireannaigh an Fhraincis ar an gcuma-san.'

'Á, táim ag gabháil den Fhraincis riamh.'

'*C'est bien.*'

Laethanta fada as a chéile nach nochtann an fhilíocht ar barra, is ea an *meseta*. An túisce é sin dearbhtha agam dom féin, tagann rann éigin chugam:

Compánaigh bóthair seal,
ag gabháil tríothu
ag gabháil tríom;
scáileanna mochmhaidine
ag síneadh
ag dul in éag
le titim na hoíche.

Ní bhacfainn leis de ghnáth, agus chaithfinn uaim é. Ach bhíos ag cuimhneamh ar an bhfile Seapánach Ryokan ar feadh i bhfad, agus ar an tslí a bhaineann sé filíocht as na nithe is nádúrtha agus is simplí amuigh. Canathaobh go gcaithfinn uaim mo dhréacht? Samhlaím comhrá idir mé féin agus Ryokan i dtaobh na línte. Déarfadh sé liom go raibh guth criticiúil éigin ag áiteamh orm iad a chaitheamh uaim, ach gur línte sásúla iontu féin iad, más iad a tháinig uaim féin ar an toirt mar bhuille fileata. Níl sa ghuth criticiúil sin ach an *ego*, a déarfadh sé. Agus bheadh an ceart ar fad aige. N'fheadar cén focal a bhí ag Ryokan ar *ego*!

Tagann an Francach úd suas liom agus mé i lár mo bhrioglóidí bóthair. Cuid thábhachtach, cuid bhunúsach den Camino na laethanta fada ag síneadh leis an mbóthar agus leis na tailte méithe leibhéalta. Bíonn roghanna chun imeacht uathu, ar chonaireacha Rómhánacha nó glasa, ach ní bhacaim leo an turas seo.

Fear go dteithfeá uaidh é an Francach. Fear garbh ina chaint, ina bhéasa. Aonarán cruthanta. Déarfainn go mbíonn spalladh an uaignis air. Nó b'fhéidir arís, go bhfuil seantaithí aige ar a chomhluadar féin. Choimeádas comhluadar leis i gcaitheamh an tráthnóna, agus d'itheamar béile i dteannta a chéile.

Baile *Frontera* é El Burgo Ranero gan aon agó. Tá poibleoga lomtha os mo chomhair agus mé suite ar bhinse i lár na sráide, iad mar a bheadh géaga sciota cnámharlaigh, cnapáin ataithe orthu, agus iad lúbtha i ngach treo chun scátha – dá mbeadh duilleoga orthu. Ag barr an bhaile, plánaí loma fairsinge ag síneadh go híor mar a bheadh in Arizona, cé nach rabhas riamh ann, agus go míorúilteach, sléibhte na Gailíse i gcéin ar an íor. Geallúint i bhfad uainn iad, ceann cúrsa mar a nochtfaí duit é ar muir. Saghas baile tíre ar muir é seo – gabhann tarracóirí tríd go mall, stalcach, agus tá cúpla áit ann chun bia. Dá séidfeadh *tumbleweed* anuas an tsráid, ní chuirfeadh éinne spéis dá laghad ann. D'fhéadfá lá iomlán a thabhairt ag féachaint uait anseo ar bharr an bhaile gan an lá a bhrath ag imeacht. Ní tharlódh faic, ach an uair a tharlódh eachtra éigin dá shuaraí é, uair sa mhí b'fhéidir, thógfaí an-cheann ar fad de. Bheadh an baile ar fad ag caint air …

Hospitalero fíorlách san *albergue municipal, donativo.* Is áit fíorspéisiúil é – ar feadh lae.

Tá breis agus a leath déanta anois. Nuair a chonac an cúrsa romham inniu mheasas go mb'fhéidir go n-éireodh liom é a chur i gcrích. Bainfead imeall León amach amáireach agus gheobhad an bus isteach i lár na cathrach.

Juan José ainm an *hospitalero.* Tá bonn na coise clé go hainnis.

21. El Burgo Ranero –
Mansilla de las Mulas – León

2 Deireadh Fómhair

Sea, chuireas chun bóthair i dteannta an Fhrancaigh, Christian, agus bhíos tamall lasmuigh den bhaile nuair a chaitheas filleadh chun mo mhaide a thabhairt liom. Ait mar a éirímid ceanúil ar nithe a bhaineann linn. Seanchraobh scamhaite, is é mo chompánach é.

Tá an lá inniu scamallach, ach é breá ar a shon sin. Bíonn sé fionnuar ar maidin go dtí tar éis a naoi ar a laghad. Tosaíonn an ghrian ag téamh na gcolpaí uaidh sin amach.

Tá goltraí amhránaíochta ar mo chúl ar an *plaza* ina bhfuilim, agus sean-nós Chonamara go háirithe a ritheann liom. N'fheadar an ón nGailís é, agus tionlacan ceoil anois leis …

Pé ar domhan é, bhíomar ag siúl romhainn ar an bplána réidh, suas le hocht gcéad méadar os cionn na mara, le hais an bhóthair den chuid is mó.

Christian, an fear bocht, braithim go bhfuil sé sásta an comhluadar a bheith aige. Bíonn sé ag cur ceisteanna orm i dtaobh na hÉireann, agus tá a fhios aige gur tír dhaor í, go bhfuil tírdhreach álainn inti, agus drochaimsir go minic inti. Braithim an t-uaigneas ann go smior, uaigneas do-inste. Fós, creidim gur cuid de dhualgas na hoilithreachta é, ár gcuid ama a roinnt le daoine eile, cluas a thabhairt dóibh. Níl aon smut d'aon teanga eile aige ach an Fhraincis, ach tá taisteal mór déanta aige – Mali agus an Éigipt san áireamh.

Bhí stráice mór den bhóthar ar an leibhéal agus tháinig coiscéim bhacaíle dom. Lúidín na coise clé, clog air, agus é ag teacht i mo choinne. Dúrt leis féin dul ar aghaidh, stopas agus shuíos le hais na conaireach. Bhaineas an *compeed* den chneá ach thosnaigh an ruidín ag stealladh fola agus í an-tinn. Chlúdaíos ar mo shlí féin arís é, ach ní raibh ionam siúl ach go bacach. Thairg lánúin Mheiriceánach cúnamh, ach dúrt leo go gcaithfinn cúnamh gairmiúil

a fháil. Bhaineas amach an chéad sráidbhaile eile agus mé ag hapadaíl, mar a raibh beár agus *albergue*, ach ní raibh aon chóir leighis le fáil ann. D'iarras orthu tacsaí a ghlaoch, agus thug sé go Mansillas de las Mulas mé. Ionad sláinte. An gnáthriarachán, agus tamall ag feitheamh le dochtúir a chuir ar aghaidh go banaltra mé. Chuir sí cóir ar mo chois, dúirt liom dhá nó trí lá sosa a thógaint, agus uachtar frithbheathach a fháil sa *farmacia*.

Bhí mo chárta leighis Eorpach agam mar a tharla, agus ní raibh aon fhadhb le cóiríocht a fháil sa Centro de Salud. Bíonn othair mar a chéile ar fud an domhain, nach ait an rud é. Bean mheánaosta an bhanaltra, gan aon siar is aniar aici, 'is maith an rud é go bhfuil Spáinnis agat,' ar sí, 'níl focal Béarla agamsa.'

'Tóg dhá lá sosa, nó trí más féidir, tá *fiesta* in León an deireadh seachtaine seo.'

Comhairlíonn mo threoirleabhar do dhaoine an bus a fháil ó Mansillas go León, ag brath ar a gcuid riachtanas féin agus a gcuid mianta. Fuaireas an bus, agus seo anois mé socraithe isteach in *albergue* Sancta Maria i lár na seanchathrach in León.

Ní foláir nó bhíos tomhaiste go maith ag Christian, mar bhí sé romham ag stáisiún na mbus agus é i mo theannta ó shin. Grá Dé é bheith leis, an fear bocht. N'fheadar cén scéal atá aige, ach b'fhéidir go n-inseodh sé dom é in am trátha.

Shocraigh íde na gcos an lá ar aon chuma. Fanfad anseo amáireach, leis, chun ligean don chos cneasú beagán. Is maith an bhail orm é go mbeidh ar mo chumas leanúint orm. Ba cheasna liom anois é dá gcaithfinn éirí as. Is dócha gurb é ceacht atá ann, aire a thabhairt in am do na cloig ar na cosa. Sos na gcos. Sos na gcos.

Measaim go bhfuil suas le céad daichead leaba san *albergue* ar €5 san oíche. Tá sé bunúsach, ach is cuma dhuit ach do leaba a bheith agat. N'fheadar cá bhfanfad amáireach.

Ní bhacaim mórán le mapaí bailte ach mo shrón a leanúint. Ní bhíonn riamh uait ach cúpla marc agus an treo. Bean bhreá as an nGailís a stiúraigh chun an *albergue* mé. 'Táim anso in León le daichead bliain,' ar sí, 'ach is ó A Coruña mé le ceart. Braithim uaim an baile i gcónaí ach bíonn scamaill ann de shíor.'

Cár chualamar é sin cheana?

Labhras leis an mbaile inniu den chéad uair le roinnt laethanta. Mo bhean chéile imithe ar scor ó inné, obair ar siúl sa tigh, mac san Aetóip ar saoire ón Astráil, agus mac eile ag dul chun na hIndia. An bheirt mhac eile agus a saol féin acu. An t-athair ar fán ar an Camino, cá hionadh go mbeidís féin ag imeacht rompu leis. Bhuaileas arís tráthnóna inné leis an dochtúir óg ón nGearmáin. Shuigh sí i m'aice ar bhinse agus mé ag breacadh. Bhuail sí le Francach mná go raibh siúl mór déanta aici tríd an Fhrainc agus ar aghaidh go Santiago agus Finisterra agus bhí sí anois ag siúl ar ais.

'Cén rud ba mheasa a bhuail leat ar do shlí ar fad,' a d'fhiafraigh bean na Gearmáine di.

'Fir,' a d'fhreagair sí go lom.

Nochtas di mo thuairim mar gheall ar a comhthíreach, an tSiúr úd Magdalena, Gréagach Ceartchreidmheach.

'Thugas an dá bhiorshúil ghorma faoi deara. B'in é mo dhóthain. Chuir sí an croí trasna ionam,' ar sí.

Caithfead tuairisc chathair León a chur ar ball, ach ní ligfidh mo choisín bhacach dom mórán a dhéanamh. Caithfead ligean di cneasú.

Táim ar mo shuaimhneas anseo pé scéal é.

Ceanncheathrú Léigiún VII na Róimhe in Hispania, beidh a rian fós le fáil sna sráideanna. Mórán séipéal agus ardeaglaisí anseo leis, tabharfad cuairt ar cheann acu ar a laghad. Is iad na *ermitas* – na séipéil ar leataobh na slí a bhuaileann leat – is mó ar fad a thaitníonn liom féin. Thugas turas ar cheann díobh inné dom féin, agus bhí comhrá agam le bean a bhí ag feistiú bláthanna ann.

'Bhí Sasanach anseo lá agus chan sí an 'Ave Maria'. Chuir sí freanganna trí mo chraiceann. Aingeal ó Neamh ab ea í.'

'Cé hiad na cuairteoirí is mó a bhíonn agat?'

'*Chinos.*'

'As an Áis.'

'Sea, Cóiréigh agus a leithéidí. D'aithneoinn iad ar fad ar na súile acu.'

Dúirt le bean na Gearmáine inné go bhfuil *camino* déanta ag gach ealaíontóir le dealramh ina shaol ealaíne.

Leor go fóill. Tá Christian chugam.

Ceol ón mBriotáin, a mheasaim, ag stealladh anuas ón bpríomhphlásóg i m'aice. Drumaí á lascadh. *Binous*. Macalla ó na sráideanna cúnga. Ag dul i léig. Ag imeacht uainn. Dream eile níos luaithe ag cleachtadh ceoil 'Ceilteach'. Chuala an fheadóg mhór tamall ó bhaile.

'Ceol Gaelach é sin,' a deirim le mo dhuine.

Chuas ag féachaint orthu. Féile San Floirán, Ceolfhéile Idircheilteach, an naoú ceann. Buíon ón nGailís, buíon ón mBriotáin a mheasaim, grúpa ó Astorga in aice láimhe. Saghas branda idirnáisiúnta anois an ceol 'Gaelach' seo, manglam ar nós an Irish Pub. N'fheadar cad a déarfainn leis. Tá sé ar chuma lucht na Liotuáine ag iompar na Croise – scuabann an tonn chun siúil tú go dtí go gcuimhníonn tú ort féin. Níl sé neamhchosúil ar fad le fuadar mór an Camino féin. Bíonn ort do Camino féin a aimsiú agus cloí leis. Nuair a chruthaítear ceol as an nua, mar a chruthaigh an Riadach, caitear ligean leis le sruth, le haer an tsaoil. N'fheadaraís cá dtuirlingeodh sé. Ní leis an té a chruthaigh é, mar a bhuail sé amach ar inneoin a ealaíne é, níos mó. An cruitchorda úd aige. Nuair a chuimhním ar na hoícheanta ag éisteacht leis ar an gceirnín úd, a ráiteas ceoil ar an gcruitchorda, measaim gur chuas níos doimhne isteach i meon ealaíontóra ná mar a chuas in aon mheán ealaíne riamh go dtí sin. Agus go raibh na nótaí agus na seordáin gharbha, neamh-mhaolaithe mar bhunchuid dá raibh le rá aige. Ealaín amh, nach míneodh sé go brách le cúinní maola, boga. Ba é an rud ba mhó é a tharla le mo linn agus mé i m'fhear óg, go háirithe an oíche úd san Aula Maxima leis na teaiceanna sa chruitchorda, agus oíche eile i halla La Retraite leis an amhránaí Nioclás Tóibín. Oireann an Baroque don Riadach. Ó go bhfóire Dia orainn!

Agus féach anois ar 2 Deireadh Fómhair i gcathair Léon, agus dream daoine óga ag seimint leo go fuadrach, mar a bheadh tine lena dtóin.

Tháinig bean eile go raibh súilaithne agam uirthi i leith chugam agus mé ag breacadh. Bhí fonn comhluadair uirthi. N'fheadar ná gur 'bean an leanna's *dog*' mé féin anois acu. Bean bhreá spridiúil ón nGearmáin í, Kirsten as München. Éirim lasrach aici. Tá dáimh aici le mná rialta is baolach – caithfead bheith aireach. Tá acmhainn bhreá grinn aici, agus Béarla den scoth ar ndóin. Mac agus iníon aici, í sna caogaidí. Bean chnámh a fhuineadh í, oistéapat. Í stuama, ciallmhar, praiticiúil, nuair a bhíonn rud ag teastáil ó Ghearmánach, téann sí á lorg. Tugann sí cuairteanna ar na séipéil agus ar na heaglaisí. Chonac an lá cheana í, áfach, i ndomhainchomhrá leis an Siúr Magdalena in Carrión de los Condés. Ag leathuair tar éis a sé ar maidin! *Bête noire* agam í an bhean chéanna, pé bun atá leis.

Theastaigh uaithi an ruaig a chur ar Christian bocht, agus nuair a tháinig sé i leith chugainn agus sinn suite ar an bhfalla os comhair an *albergue municipal* dúrt leis go gcífinn níos déanaí é. Thuigeas uaithi féin nach raghadh sí i dteannta na beirte againn. Níl aon Fhraincis aici.

Pé scéal é, chuamar go dtí *bodega* breá agus bhí *tapas* ansin againn. Ag caint ar an Camino, ar fhilíocht na Gearmáine – is breá léi féin Rilke leis – agus ar chúrsaí an tsaoil. Mhínigh sí dom go bhfaca sí tamall maith ó shin mé i dteannta bean Chiarraí agus gur cheap sí go rabhamar seanphósta!

D'eachtraigh sí dom gur thug sí tamall ag siúl le Fear na Fleá agus a mhadra, agus ámóg acu.

'Fear buile. Ba dheacair dom a chuid cainte a dhéanamh amach, agus é ón taobh thuaidh Éireann.'

Bhíomar ag gáire sa tsráid agus í ag eachtraí ar mo dhuine ag caitheamh an gadhar bocht isteach i sruthuisce canálach, bealach uisce a bhí ag bogadh go mear, agus an gadhar bocht á scuabadh chun siúil.

'Bhíos ag cuimhneamh go gcaithfeadh sé féin léim isteach chun an gadhar a tharrtháil, agus go gcaithfinnse é féin agus an gadhar a tharrtháil. Thug sé an gadhar amach ar deireadh, agus é ag rith leis an mbruach, agus bhí sé ag gáire nuair a thángadar ar ais.'

Dúirt sé léi go bhfanfadh sé mar a raibh aige, agus gurbh fhearr di féin imeacht. D'imigh.

Is féidir an radharc ag baile a shamhlú, sular imigh sé.

'Má theastaíonn uait dul ar an Camino sin,' a deir a bhean leis, 'beidh ort an seanghadhar sin agat a thabhairt ann chomh maith, nó nílimse chun aon aire a thabhairt di. Ní bheidh sí anso nuair a fhillfir, má imíonn tú gan í.'

Thug. Tá an gomh ar fad atá aige dá bhean á thiomáint céim ar chéim ar an Camino.

'*Perro* an focal Spáinnise ar ghadhar,' ar mé le bean na Gearmáine.

'OK.'

'*Peregrino* an focal Spáinnise ar oilithreach.'

'OK.'

'Cad a thabharfá i Spáinnis ar ghadhar a dheineann an Camino?'

'Níl sé agam.'

'*Perrogrino.*'

Mo chéad jóc Spáinnise.

Féile San Floirán agus leanaí amuigh déanach acu, mar a bhíonn. D'imigh sí féin chun a lóistín agus bhaineas an *albergue* amach díreach in am sular dúnadh don oíche é. Sheasamar ar an Plaza Mayor ar feadh tamaill ag éisteacht le ceol anamúil na Gailíse agus Léon féin. Tá an chathair beagnach 850 méadar os cionn na lagtrá in Alicante – an tomhas Spáinneach – agus éiríonn sé fuar go maith san oíche. Ní raibh mo dhóthain éadaí tugtha liom agam agus níorbh fhéidir seasamh i bhfad ann. Tá tomhas nó 'líne cheoil' éagsúil i gceol na Gailíse thar mar atá i gceol na hÉireann, roinnt nótaí gann ar an dtomhas Gaelach. Murach an fuacht, thabharfainn an oíche ag éisteacht leis.

22. León

3 Deireadh Fómhair

Ní bhfuaireas mórán suaimhnis aréir san *albergue,* leis an suaitheadh agus an sranntarnach agus gíoscán na sprionganna sna buncanna, agus monalóg drúncaera amuigh sa tsráid i lár na hoíche ag fógairt an Camino in ainm an diabhail. Ní fhéadfainn an rámhaille ar fad a dhéanamh amach ach measaim go raibh sé ag lorg neamhspleáchais, leis, do phroibhinse León. Dála an scéil, níor dhein an Chatalóin an beart agus gan a ndóthain teachtaí ag páirtí Mas.

Chaitheamar a bheith amuigh as an *albergue* roimh a hocht agus gan éinne éirithe i gcathair León tar éis na hoíche. Cathair bhreá eile sa Spáinn, ach í buailte go holc ag dífhostaíocht na hóige go háirithe agus roinnt mhaith gnólachtaí druidte sa seanbhaile.

D'imigh Christian an Francach agus b'oth liom nach raibh slán fágtha agam leis ná m'uimhir fóin féin aige. Ach seachnaím an fón, de ghnáth, ar an Camino. Galar. Fós, bhíos i dteannta Christian, ar feadh cúpla lá. Aneolas aige ar Pháras, agus ar phóirsí go raibh cur amach agam féin orthu. I bhfad ó bhaile, is féidir canúint agus tuin Fhraincise Pháras a dhéanamh amach go soiléir, abair i gcomparáid le Fraincis Dominque agus Clairette ó cheantar Toulouse. Chomh héagsúil agus atá tuin Bhéarla Bhaile Átha

Cliath agus chathair Chorcaí, abraimis.

Bhí lucht an mhargaidh ag fáil faoi réir don lá, agus gan é ina lá geal, casóga agus caipíní olla agus buataisí troma orthu. Cnónna ón gcnoc, an uile shaghas toraidh ón gceantar agus ón gcian, blastóga, feolta leasaithe, cáiseanna den scoth, glasraí úra amach as an gcré, agus piobair ildaite mhéithe. Ar phinginí beaga a mhaireann na daoine. Plumaí breátha súmhara agus caora finiúna León féin nach bhfuil chomh blasta sin ar fad ach iad an-saor. Seandaoine go leor i mbun na stallaí, nár bhreá é aithne níos fearr a chur orthu. Seanfhear sna hochtóidí go hard agus a iníon, chuirfinn geall, agus gan de neart ann féin na málaí troma a ardú ó na scálaí. Spleodar an mhargaidh, mar a bhíonn, agus gearrchainteanna nár thugas liom. Ní haon nath leis na Spáinnigh leathuair an chloig a thabhairt ag roghnú blúire *jamón* nó *queso*, á phlé le fear an stalla. Tá na Francaigh níos míne, agus ba dhóigh leo féin, níos sibhialta.

Pé scéal é, shuíos fúm i gcaifétéire mar a raibh teas, tar éis roinnt óstán agus lóistín a thriail chun imeacht ón *albergue*. Theastaigh m'eochair féin uaim do mo sheomra féin agus gan a bheith cráite i lár na hoíche le heagla go leaindeálfainn ar mo phrompa ón mbunc in airde. Agus san aois ina bhfuilim, caithim éirí amach i lár na hoíche. Dreapadh síos ón mbunc, gan dréimire, gan an té thíos a dhúiseacht, filleadh, dul sa mhála codlata arís, tú féin a thochas – caith uaim.

Mhol Kirsten dom triail a bhaint as an áit ina bhfuil sí féin – *residencia* do mhic léinn ag siúracha Proinsiasacha. Bhí leisce orm dul ann ach chuas ag féachaint air. Áit bhreá, gan aon mhisinéireacht, ach áiseanna cónaithe. Roinnt mhaith oilithreach ann. Fuaireas seomra dom féin ann ar €20 agus mé chomh sásta le diúc.

Mo chos atá do mo choinneáil anseo in León, ach ní fearr rud de ná lá a chaitheamh faoin dtor. Seansaol clochair nó aíocht bhan rialta atá ag na Hermanas Trinitarias. Mná óga amháin a bhíonn ann de ghnáth. Tá cumhacht mhór fós ag an Eaglais Chaitliceach, sa chuid seo den Spáinn ar aon chuma. Tá gortghlanadh millteach déanta in Éirinn ar na seaninstitiúidí Caitliceacha go léir. Is mó a chuir an áit, agus na siúracha, m'óige féin i gcuimhne dom ná áit ar bith a bhíos le fada. Siúr amháin, ag faire ar gach imeacht is teacht, ó bhaile in aice láimhe a tháinig sí an chéad lá. Bean bhreá ghnaíúil an tsiúr i gceannas; bhíos ag feitheamh le mo phaca droma sa halla go bhfillfidís ón Aifreann san Ardeaglais. Tháinig sí chugam, thug in airde staighre mé, agus dúirt liom bheith istigh. Níor bhacadar le mórán riaracháin, ná foirmeacha. Siúr as an gCéinia a bhí ag plé le hoilithrigh, toisc Béarla a bheith aici, sin í a thóg uaim an nóta airgid.

Dhein bean na Gearmáine banaltracht ar mo chois chlé, agus bhíos buíoch di. Chaitheas cúisín a fháil do bhonn na coise i *farmacia* toisc go rabhas ag luí róthrom air mar cheartú ar leonadh méar bheag na coise. Níl ann ach an gnáth-leonadh ar an Camino, ach bíonn daoine níos fearr ná a chéile ag déanamh cúraim de na cosa. Chun an fhírinne a dhéanamh, ba chóir cúram ar leith a dhéanamh díobh gach lá. Tá na teannáin agus na glúine go maith, go dtí seo pé scéal é. Bhuaileas amach dom féin tar éis folcadh a ghlacadh, a leithéid de phribhléid agus folcadán beag agam.

Bhí teas sa lá ag stallaí an mhargaidh os comhair *plaza* na hArdeaglaise, agus bhuaileas fúm ag faire ar an saol ag imeacht thar bráid. Níl seó is fearr ar domhan ná na Spáinnigh ag siúl rompu suas síos na sráideanna, leanaí, teaghlaigh, seandaoine, bíonn anam breise iontu tar éis an *siesta*, ach ní thagann anam i gceart iontu go dtí a naoi nó a deich istoíche.

Tá seanchathair León laistigh de na fallaí múrtha tógtha mar dhronuilleog, agus geataí ar dhá thaobh ar a laghad. Geata Castilla a bhaineas féin amach chun cuairt a thabhairt ar eaglais San Isodor. An altóir ard, painéil bharócacha ar a cúl mar a bhíonn sna séipéil sa Spáinn. An Naomh-Shacraimint ar buantaispeáint ann, na mná scothaosta istigh, agus fo-chuairteoir ar mo chuma féin. Chuas ag triall ar an músaem agus ar an Painteon, mar a bhfuil earraí luachmhara eaglasta agus leabharlann *mozarabica*, lámhscríbhinní luachmhara agus an stíl Arabach sa mhaisiúchán.

Dá mhéad a bhogann tú siar ar an Camino is ea a shonraíonn duine tionchar Arabach sna logainmneacha, mar shampla. Is dócha gurbh fhéidir an Camino féin a bhreithniú faoi scáth dhá mhórchultúr ag stracadh i gcoinne a chéile agus an insint Chríostaí in uachtar – faoi láthair pé scéal é.

Chuas síos san íoslach sa Phainteon mar a bhfuil insint Chríostaí i ndathanna ealaíne greanta ar an tsíleáil. Na soiscéalaithe is mó atá ann, na dathanna láidir fós, gan tréigean, gan athchóiriú a dúradh. Uaisle i dtuamaí, a n-ainmneacha liostaithe, agus leacacha Rómhánacha ar feadh na bhfallaí, ón gcéad aois a bhformhór mór. Iúpatar is mó atá luaite orthu, agus ainmneacha na ngarastún ón Róimh a bhí lonnaithe i gceartlár Leon. Ón bhfocal 'léigiún' féin é Leon ar ndóin.

Canathaobh go mbraitheann an chuid is mó againn – mé féin san áireamh – gur *dualgas* is ea na cuairteanna seo? Spáinnigh is mó a bhí ann, agus fíorbheagán de lucht an Camino.

Bhuaileas liom ar ais tríd an seanbhaile agus leagas mo thóin arís ar bhinse. Chuala buíon ceoltóirí ag máirseáil aníos an tsráid, agus thabharfainn an leabhar gur Bhriotánaigh iad. Chuala an *bombarde* agus an *binou* mar a cheapas, ach ní raibh an feisteas sainiúil Briotánach ar na ceoltóirí. Cheapas gur ó cheantar nár aithníos iad, agus an t-ainm Keita greanta ar cheann de na brataca.

Ach nuair a chuireas ceist ar bhean den bhuíon níos deireanaí, dheimhnigh sí gur ó mhórcheantar Leon iad, ó Keita cad eile, agus gur bhain píb na Gailíse – an *gaita* – le réigiún níos fairsinge go mór ná an Ghailís féin, Asturias agus proibhinse Leon san áireamh.

Thriaileas cúpla áit chun bia ach ní raibh aon áit ag oscailt go dtí leathuair tar éis a hocht nó a naoi féin. Ní raibh an seasamh ionam agus atá sna Spáinnigh agus chaitheas ithe. Chruinnigh dream líonmhar lasmuigh de bhialann amháin, chun baisteadh naíonáin a cheiliúradh faoi cheann uair an chloig. Ó Santander ab ea iad, agus cuireadh i gcuimhne dom breá tapaidh gur ó Cantabria iad agus nárbh aon Bhascaigh iad. Níor bhraitheas aon luí acu le Bascaigh, ambaiste. Casadh bean na Gearmáine orm sa tsráid. Bhí clár bia oilithreach fógartha i roinnt áiteanna, ach ní raibh tóir ar bith agam orthu. Fuaireamar béile breá san óstán – *monasterio* – taobh leis an *albergue* go rabhas an oíche roimhe ann, ar €15, fíon san áireamh. Cá bhfaighfeá a leithéid?

Ní raibh fonn ar cheachtar againn a bheith amuigh déanach sna sráideanna, dubh le daoine anois i dtreo a deich. D'fhilleamar ar bhrú na mban rialta. Mo ghraidhin iad na mná seo, bhí an tsiúr i gceannas i bhfeighil an dorais, agus, ar sí, nuair a bhuaileas amach liom féin ar feadh tamaillín, 'Tá an *fiesta* faoi lánseol, is ceart a bheith amuigh.'

'Bhfuil aon mhuintir is fearr san Eoraip a chaitheann *fiesta* ná na Spáinnigh?

Bhíos sa leaba roimh leathuair tar éis a deich.

23. León – Villavante

4 Deireadh Fómhair

Domhnach inniu, lá báistí agus gaoithe. Ag stealladh ar maidin. Bhí bean na Gearmáine le banaltracht a dhéanamh ar mo chois, sara gcuirfimis chun bóthair, agus nuair a chuas ag lorg a seomra ar leathuair tar éis a seacht bhuaileas cnag ar an doras mícheart. Cé a d'osclódh an doras romham ach an tsiúr i gceannas. Ní raibh sí pioc sásta.

Fuaireamar an bus amach as an gcathair go dtí La Virgen del Camino, ar imeall na cathrach. Nuair a d'fhéachas amach ar an mbáisteach agus ar na stráicí fada sráideanna agus imeall na cathrach ag síneadh roimhe, bhí áthas croí orm bheith ag gabháil thairis sa bhus. Shocraíomar gan an mórbhóthar N-120 a leanúint ach malairt chúrsa trastíre atá sna treoirleabhair.

Fágann tú an *meseta* go sainiúil i do dhiaidh ag León agus braitheann tú an ghluaiseacht sin i dtreo na Gailíse agus na sléibhte. Is ait an tarraingt a bhíonn ag an mbaile ar dhuine, agus is geall le hathbhaile í an Ghailís faoin dtráth seo. Baineann an mothú le bheith ag dul i dtreo Santiago agus na farraige araon – Bá na Bioscáine thoir agus soir ó thuaidh, agus forlámhas an Atlantaigh ar an aimsir atá chugainn.

Chaith an lá orainn. Bhí cuma cheantar réshléibhe nó leathphortaigh in Éirinn ar an dúthaigh, agus cnapáin fhraoigh fiú in áiteanna. Fós, d'fhág na hArabaigh a rian ar na logainmneacha. Bhíomar fliuch go craiceann ag siúl ar stráicí fada gan fothain, arbhar ar gach taobh in áiteanna, agus inár dtost ag an mbáisteach. Bhaineamar amach sráidbhaile San Martín i lár an lae agus *albergue* agus beár Tío Pepe.

Bhí scata oilithreach romhainn istigh, ó na Stáit Aontaithe cuid mhór díobh ina ngrúpaí, agus 'Pepe' féin laistiar de chuntar. Ba ghá na héadaí fliucha a bhaint, agus a thriomú, nó cinneadh a dhéanamh fanúint Tío Pepe. Bím ag cuimhneamh go minic ar an gcomhrá – samhlaitheach – a bhíonn ar siúl ag muintir na háite …

'Féach na hamadáin ag siúl rompu, gan fios a mhalairt acu,' arsa fear amháin.

'Is maith ann iad chun cúpla euro a chaitheamh chugainn, mura mbeadh iad chaithfimis an baile a thréigean.'

''Chríost na colpaí breátha atá ar chuid acu.'

'Agus bundúin chun ualaigh.'

'Gan focal Spáinnise ag a bhformhór, ach manglam *"yamón"* agus *"bócadílló"* agus pé slí atá acu chun na gutaí a shlogadh.'

'Is cuma cén teanga atá acu, ach go leanfaidh siad orthu ag teacht.'

Thugas an iomarca ama ag éisteacht lena leithéidí fadó.

Bean ghéarchúiseach í Kirsten, go bhfuil léamh mapaí go beacht aici, deineann sí di féin lena scian póca ag scamhadh torthaí agus ag líonadh rollóg, agus acmhainn grinn aici in éineacht. Tógadh i dtigh fear í. Cailleadh a máthair i dtimpiste scíála tráthnóna Domhnaigh agus gan aici féin ach bliain go leith. Na deartháireacha, triúr acu, a thóg í. Bhí a hathair gnóthach i mbun a shaoil, agus mná eile, a braitheadh. *Tomboy* a thabharfaimis féin uirthi ag fás aníos. Ach tháinig sí ar a mianach baineann agus thóg sí beirt chlainne. Níor nochtadh aon rud dom i dtaobh an athar, ach bhí leannán Astrálach ar feadh i bhfad aici.

Í féin a d'aimsigh an sorn adhmaid amuigh ar chúl Tío Pepe. Ba thabhartas é lá mar é, agus chrochamar na héadaí fliucha mórthimpeall air le triomú. Bhí seilbh ar an sorn againn ar feadh uair an chloig agus teas lenár dtóin. Thosnaigh slua an Aifrinn ag teacht i dtreo a haon, agus roinnt Meiriceánach isteach is amach ag faire ar an sorn féachaint cathain a bhogfaimis. Scaimh orthu.

Leag sí féin sólaistí amach ar bhord, agus ní raibh bogadh ar bith inti. Tóin i bhfeac. Bhí na Meiriceánaigh míchéatfach, crosta go mbeadh seilbh ag dream eile – seachas iad féin – ar an sorn. Bhíos féin ag baint an-sásamh as an gcomhrac gan fógairt, diongbháilteacht na Gearmáine agus forcamás Mheiriceá. Bheadh slí géillte ag an Éireannach dóibh, agus díbreofaí diaidh i ndiaidh é go dtí imeall an teasa.

Go hobann chuimhníos féin go raibh searmanas comórtha ar dhaoine a báthadh in abhainn na Laoi i gCorcaigh inniu, é eagraithe ag deirfiúr dom. Thart ar an am seo go deimhin. Bá dearthár dúinn sa teaghlach a spreag an ócáid agus tháinig tocht orm féin i bhfad i gcéin. Chaitheas an scéal a mhíniú di féin.

'Tá tú i láthair ann, pé scéal é,' ar sí.

Chaithfí bogadh. Bhí na héadaí tirim, chuireamar orainn agus thugamar faoin mbóthar an athuair. Ní rabhamar cinnte cá stadfaimis, ach siúl romhainn.

Ní mór eile iad na hoilithrigh a bhí inár dteannta – chuir an chuid is mó acu fúthu in Tío Pepe mar gheall ar an mbáisteach. Ach ghlan an tráthnóna beagán, agus bhí an chonair fúinn féin cuid mhaith. An dúthaigh chéanna arís, tailte curadóireachta, *maïs*, agus báisteach an athuair. Fuaireamar fliuchadh eile, agus shocraíomar bualadh fúinn in albergue Sancta Maria in Villavante, sráidbhaile beag. *Albergue* príobháideach, níorbh í an fháilte ba mhó ar an Camino a fuaireamar ann. Bhraithfeá an faobhar céanna chun airgid ar a leithéidí in áiteanna in Éirinn. Oilithrigh fhliucha, tráthnóna Domhnaigh, tuirse bóthair, muintir an tí ag comhaireamh na bpinginí. Bhíomar ag lorg aíocht níos fearr ná *litera* – bunc – ach bhí na praghasanna ard go leor. Thriaileas dul ag margáintíocht le fear an tí.

'Mura maith leat an praghas, tá an chéad bhaile eile 5 km romhat ar an tslí.'

Béal fuaite. Bhí pearóid ardghlórach i gcás taobh leis, agus an port céanna aige i bpearóidis – 'Focáil leat mura maith leat é!'

Fuaireamar aíocht ar aon nós, leapacha scoite seachas buncanna i seomra á roinnt le beirt eile, agus bhí faoiseamh, mar a bhíonn, orainn. An ceann a chur síos. Gan fonn cainte.

Chaitheas féin an chuid eile den tráthnóna ag breacadh dom féin, ag triomú éadaigh, agus bhaineamar na leapacha amach ar a deich tar éis béile leathchuibheasach.

Thiteas i mo chnap le Rosalía de Castro.

Son los corazones de algunas criaturas
Tá croíthe roinnt créatúirí

Tá croíthe roinnt créatúirí
ar nós conaireacha mórshiúil;
glanann boinn daoine a thagann
rian cos daoine a imíonn chun siúil:
ní éireoidh leat rian ded ghean
a fhágaint ann ná aon chuimhne air fiú.

24. Villavante – Astorga

5 Deireadh Fómhair

Beidh orm mo Camino féin a aimsiú dom féin an athuair. Bíonn orm mo cheann a ligean chun fáin, i m'aonar, cuid mhaith den am. Bhíos mar sin riamh, ó bhíos i mo gharsún. Ag siúl i ndomhan de mo chuid féin. Cé gur breá liom cuideachta, leis.

Bhíos ag cuimhneamh ar an rann le Rosalía, agus go bhféadfainn 'feabhas' a chur ar an mbunleagan. Ach is cuairteoir an t-aistritheoir i ndán file eile. Mura maith leat na troscáin mar atá, ná an boladh ón gcéir ar na cláracha urláir, buail amach as. An é, i gcás Rosalía, go mbraithim go bhfuil dualgas orm baint lena saothar, toisc go bhfuil – nó go raibh – bunchosúlachtaí idir an Ghailís agus Éire, agus go bhfuil dáimh ag lucht na dteangacha beaga le chéile? Ní chreidim go bhfuil dualgas na dáimhe sin orainn. Is mó go mór d'fhile é Machado, ach táim ag baint leas as Rosalía mar shnáithe a rithfeadh trí mo Camino-sa. Braithim gur Camino 'baineann' atá fúm. Bhraitheas gur Camino 'fireann' ab ea an siúl a dheineas le mo mhac Ciarán, cheana. Nílim chun dul ceangailte sa mhachnamh sin …

An bháisteach ag stealladh i gcónaí, agus fothragadh siúil, cleatráil le clos amuigh sa chlós. Níl ach breacaithne agam ar na hoilithrigh eile anseo, pé rithim atá bainte amach nó caillte agam. An lúidín coise an-leonta ar ndóin. Luaigh Kirsten liom go raibh sí féin an-chuideachtúil i dtosach aimsire, ach gur bhraith sí níos moille nó níos doicheallaí anois ag cur aithne ar dhaoine.

Cainteoirí Béarla iad muintir na Gearmáine, agus cuid acu níos fearr ná a chéile chun Spáinnise. Bíd ar a suaimhneas, leis, le muintir na hÉireann, ar feadh tamaill ar aon nós, nó go dtagann na coir Ghaelacha is géire chun solais. Níl aon stair chasta eadrainn, cé go dtugaim faoi ndeara go mbíonn tóir mhór aici seo i mo theannta ar 'shibhialtacht' tae Shasana, béasanna parlúis, slachtmhaireacht agus an tomhas ceart ar shiúcra sa tae.

Ní cheilim mo ghnó ar éinne go gcuirim aithne orthu ar an Camino, aithne cheart tar éis cúpla lá. Mo phríomhdhílseacht an leabhrán seo, agus tuairisc impreisiúnach más féidir, san áireamh.

Tá an Camino siúlta cheana agam ó Sarria go Santiago. Mar sin, go teicniúil beidh an Camino 'déanta' agam faoin dtráth a bhainfead Sarria amach faoi cheann cúpla lá nó trí, ach ní cur chuige teicniúil atá fúm, ná é. Tugann sé saoirse dom, áfach, léim thar chúpla ceann cúrsa ó Sarria ar aghaidh – agus b'fhéidir siúl trí lá in áit sé lá a dhéanamh go Santiago.

Ach nach ait an rud é, go mbraithfeá dílseacht bóthair agus caidrimh do na daoine eile, agus gur mhaith leat an ceann cúrsa a bhaint amach ina dteannta. Comhshiúl, comhghuaillíocht na n-oilithreach nó a leithéid. Bíonn cuid dá scéalsan agatsa, cuid de do scéal féin acusan, agus cé go bhfuilimid go léir *de passage* agus nach buanchaidreamh aon phioc de thar mar a tharlódh le linn an tsamhraidh sna déaga, fós féin … fad a mhaireann sé ní mór dúinn bheith ag faire amach dá chéile. Comhluadar siúil, sprioctha.

Lá báistí is ea arís inniu é, agus ar na cnoic os cionn Astorga, gaoth láidir ina gustaí aniar nó aniar is aneas. Ní measa é, áfach, ná mórán laethanta in Éirinn nó, go deimhin, ar an bhfarraige ar chósta na hÉireann nó na hAlban.

Bhí aithreachas orm ar maidin nach raibh siúlta ar aghaidh againn inné an 5 km eile go dtí Hospital de Órbigo agus an droichead mór áirsí os cionn na habhann, agus baile breá ag síneadh amach ina dhiaidh. Scaoileann busanna turasóirí lae amach anseo, chun an droichead a thrasnú agus radharc a fháil ar 'oilithrigh'. Fad an droichid den Camino. Chuala tuin Astrálach ag cuid acu ar maidin.

Tá an fásra anseo an-dealraitheach leis an mbaile – dair, beith, driseacha in áiteanna ach ansin roinnt eile fáiseanna nach dtagann go hiomlán leis an mbaile. An baile i leataobh, mar a déarfá. Ar an mullach lom os cionn Astorga, bhí stad agus cóir d'oilithrigh á riar ag lánúin. Fothrach fairsing ar a chúl. Torthaí, uibheacha cruabheirithe in aisce, uisce, caife dá mba mhaith leat é, gach cóir agus bheith istigh san fhothain ón mbáisteach. Bean mhór ard, lom, chnámhach, cuma an rinceora uirthi, í síonchaite ag an ngaoth agus an ghrian.

'*Sex, drugs and rock 'n roll,*' a thug anseo í, ar sí go neamhbhalbh. Póna caorach a bhí glanta aici féin agus ag an bhfear, a bhí ag sluaisteáil leis as radharc.

Rinceoir tangó ab ea í go deimhin, go raibh an Camino déanta aici agus a saol claochlaithe dá bharr. D'fhág sí ina diaidh gach ceangal leis an saol 'amuigh ansin' – bhí baint ag capaill leis an athrach saoil agus meoin – agus 'spioradáltacht' amháin anois a bhí sa cheann aici, agus freastal ar oilithrigh, labhairt leo, gan aon íocaíocht ach bosca na síntiús – bosca Dé.

Síos le fána ina dhiaidh sin, gur bhaineamar na bruachbhailte ar imeall Astorga amach, é ag clagarnach. Isteach linn i mbeár. Seandream ag imirt *dominoes* agus cártaí. Tigh breá socair, agus muintir an tí fáilteach ambaiste.

'An bus,' arsa Kirsten, gan an dara focal uaithi. Bhí ár ndóthain againn de.

Bhí stad bus lasmuigh de dhoras, agus í le fáil faoi cheann uair an chloig. Ní raibh ciall ar bith le siúl sa bháisteach agus thug an bus isteach i lár Astorga sinn ar leathuair tar éis a trí.

Theastaigh dhá shaghas aíochta éagsúla uainn. D'imigh sí féin á rá go raibh a spás féin uaithi, agus d'fhágamar slán ag a chéile. Sin é mar a bhíonn. Bhraitheas féin go raibh fuinneamh an chaidrimh ídithe. Ach bhraithfinn uaim mo bhanaltra! Mátrúin agus altramacht agus banaltracht a bhí riamh uaim.

Fuaireas leaba in óstán i lár an bhaile den chéad uair ar an Camino.

Shíneas amach dom féin i mo sheomra óstáin – bhí eolas ag an ógbhean ag an deasc thíos ar chathair Chorcaí agus í ar chúrsa Béarla ann, a thuill lascaine dom. An lá fliuch, músaem Gaudi ar an mbaile dúnta – ba é an Luan é – agus níor chorraíos an chuid eile den tráthnóna ach bualadh síos go dtí caifétéire agus beár a bhí ceangailte leis an óstán.

Bhuaileas amach dom féin le titim na hoíche, shiúlas timpeall an bhaile, thugas sracfhéachaint i gceann de na heaglaisí, agus shuíos fúm ag priocadh ar *tapas* i mbeár sular chuas don leaba go luath.

25. Astorga – Foncebadón

6 Deireadh Fómhair

An chéad lá agam i m'aonar le tamaillín, bhí faoiseamh agus áthas orm. Aimsir scrabhaiteach, báisteach ann as, agus gaoth i mo bhéal ón sliabh cuid den am. Mar atá luaite cheana agam, splancann caidreamh dlúth go maith idir daoine in imeacht cúpla lá ar an Camino, iad ag insint cuid dá rúin shaolta dá chéile, agus scarúint ansin.

Tráthnóna, táim i sráidbhaile garbh sléibhe, agus radharc i bhfad soir agam i dtreo thosach an aistir seo. É fuar ag an airde seo – suas le 1,500 méadar – bíonn doimhneacht dhá mhéadar sneachta anseo i gcorp an gheimhridh. Táimid ag dul sna sléibhte anois. Bhí roinnt dreapadh le déanamh inniu, gan aon chuid de róghéar ach shocraíos féin gan stopadh ag ceann cúrsa Rabanal del Camino, agus 5 km eile nó breis a dhéanamh. Sin é an uair ba mhó a bhí an dreapadh.

Bhí cneasú áirithe déanta ar mo chosa – banaltra chríochnúil ab ea bean na Gearmáine – ach níor thúisce cneasú déanta ná seo clog eile ag brú orm sa tsiúl.

Bhíos stoptha i lár na maidine, ag déanamh ar mheán lae, mo bhuataisí agus stocaí bainte díom ag iarraidh fáisceán a chur ar na cosa. Albanach a tháinig i gcabhair orm. Bhí téip liachta áirithe aige agus d'fháisc sé méar na coise deise go dlúth leis. Thugamar tamall ag caint, agus dúirt sé gur ó Chill Mhantáin a athair a chuaigh in Arm na Breataine chun éalú ón mbochtaineacht agus a dhein go maith dó féin ar ghnó capall ina dhiaidh sin. Bhí mo sheanathair féin ina 'thaingléir' capall agus é in Arm na Breataine tráth, ag éalú ón mbochtaineacht.

Bhí an Camino, nó stráice de, á dhéanamh aige lena bhean agus iníon dó. Cónaí orthu i nGarbhchríocha na hAlban, agus tuiscint áirithe acu ar an nGàidhlig. Rinceoir sean-nóis Albanach iníon eile dóibh a cheannaíonn na bróga rince in Éirinn. Teaghlach anamúil, lách, nach raibh ach i dtús an aistir go Santiago ó León. Ghabhas mo leithscéal leo agus d'imíos liom tar éis sos fada go leor.

Níor labhras le héinne feadh na slí, agus mé sásta le mo chomhluadar féin. An chonair ag gabháil trí shean-sráidbhailte cloíte; coillte tús fáis nó lánfháis lena cliathán, nó an chonair le cois an bhóthair áitiúil. Is dócha gurb é O Cebreiro is mó atá i mo cheann anois – tairseach na Gailíse a bhaint amach, dul thairsti isteach agus aghaidh a thabhairt ar an Atlantach siar uaidh sin amach.

Baineann rithim éagsúil leis an Camino anois, ar chuma éigin, ach is deacair méar a leagan air. Ní thuigfear é go mbeidh an t-iomlán déanta, má bhíonn. Bhí steallta báistí i gcaitheamh an lae ann, ach ghlan sé tráthnóna timpeall leathuair tar éis a trí agus mé ag tabhairt m'aghaidh amach i gcoinne an aird as Rabanal del Camino. Bhí a fhios agam dá gcuirfinn mo cheann isteach in aon tigh aíochta ar an mbaile, nach gcorróinn arís. Níor chuir. Tá mainistir ghníomhach de chuid na mBeinidicteach in Rabanal, ach ní mór dhá lá ar a laghad a thabhairt ann agus riail an tosta i réim. Ba bhreá liom dul ann. Rialtacht ab agus clog … Níl dhá lá agam. Bhuaileas liom chun cinn, agus an bhrí sin i mo choiscéimeanna arís a thagann nuair a dheintear cinneadh. An t-aon eagla atá orm, nach seasóidh na cosa an cúrsa, ach nuair a bhuaileas níos luaithe sa lá le lánúin Toulouse, thugas faoi deara go raibh Clairette í féin bacach.

'Mo sháil atá ag cur orm ó bhíos sa Fhrainc,' ar sí, 'ach is cuma liom ach Santiago a bhaint amach.'

Níl aon leithscéal ag éinne ach gortú a bhainfeadh an lúth de.

Bhaineas Foncebadón amach i dtreo a cúig, agus bhí fuacht orm. Gaoth fheannta ón sliabh agus gan dóthain éadaí don fhuacht agam le caitheamh. Shocraíos an *albergue* paróiste a bhaint amach.

Bráthair Proinsiasach, Xavier, atá ina bhun, fear breá ar fad.

'Ó,' ar seisean, 'tá tú préachta, a dhuine bhoicht, buail isteach láithreach agus dein tú féin a théamh.'

Cúpla téitheoir istigh. Deineadh slí dhom, agus shuíos. Ní chuimhneofá go dtiocfadh fuacht chomh mór ort ar an Camino an taca seo bliana. Tigh bunúsach é, *donativo*, agus tigh mar é, meallann sé an dream óg go háirithe.

Mé suite ag an mbord anois agus béile comhluadair réitithe, an bord leagtha, an béile tar éis paidreacha agus beannú na n-oilithreach. Bhraitheas ag siúl tráthnóna go rabhas ar ais ar mo Camino féin agus mo mhuga stáin ar mo chúl ag tionlacan na coisíochta. Bhraitheas uaim é le roinnt laethanta. Bhíos buíoch de Kirsten níos luaithe inniu agus lón – cáis, torthaí mionghearrtha – réitithe aici sular scaramar tráthnóna inné. Bean chríochnúil, ábalta, fíor-Ghearmánach – pé rud is brí leis sin. Bhí slí aici chun rudaí beaga tís a dhéanamh, nach rithfeadh le hÉireannach go brách. Cinnte le fear as Éirinn. Bhraitheas uaim an comhluadar ar feadh neomait, níos luaithe, ach thuigeas go maith gurbh fhearr dúinn araon ár slí féin a dhéanamh. Braithim anois, go dtéann tú níos doimhne isteach ionat féin de réir mar a théann an Camino ar aghaidh – ní ar aon bhealach diúltach é, ach gurb é sin díreach ceann d'éilimh agus de thabhartais an Camino, ní maith liom aidhm nó sprioc a thabhairt air, focail fholmha.

Francaigh a bhí timpeall orm ag béile an chomhluadair, agus an Bráthair Xavier ag ceann an bhoird. Mo ghraidhin é an bráthair bocht faoina aibíd Phroinsiasach, mhúsclódh sé grá Dé in aon phágánach. Riachtanais daoine eile a bhí ag cur tinnis air i gcaitheamh an bhéile, ag soláthar breis aráin agus breis ón gcorcán agus an taoscán fíona féin.

Daoine breátha na Francaigh mar a tharlaíonn, lánúin ar m'aois féin, agus an bhean bhocht tnáite. Is mó slí dhlisteanach chun do chéile a mharú – ceann acu í a thabhairt ar an Camino agus fanacht sna *Donativos*. Ní fúmsa atá. Cá bhfios domsa faic ina dtaobh?

Tá an fear ina chodladh os mo chionn anocht agus, ar seisean, 'má bhím ag sranntarnach sáigh do mhaide in airde i mo thóin'.

In Salamanca atá an Bráthair Xavier lonnaithe, agus deineann na bráithre sealaíocht choicíse san áit seo. 'Is saoire domsa é seo,' ar seisean go gealgháireach. Chuimhníos siar ar na Gaeil ar díbirt sa Spáinn agus san Eoraip, nó ina scoláirí in Salamanca féin, agus thuigfí an anamúlacht, an tuiscint nua, a thugadar leo abhaile. Micheál Ó Cléirigh agus a chomhluadar, b'fhir dhiaganta, phraiticiúla iad, togha na bhfear, agus mheasas go bhfaca an Cléireach faoi ghné Xavier. Bhíos an-tógtha ar fad leis.

Bhí searmanas beannaithe na n-oilithreach roimh an mbéile, ócáid shimplí faoi stiúir Xavier. Spáinnis bhreá shaibhir aige, ba bhreá leat bheith ag éisteacht leis ina steallta mar a bheadh sruth lánseoil sléibhe.

Níor dheineas aon mhoill tar éis an bia a chaitheamh, ach síneadh siar. 'Breá liom an rince triopallach san ainm Salamanca … Bhíos i mo chnap, fiú sular múchadh na soilse.

.

26. Foncebadón – Molinaseca

7 Deireadh Fómhair

Táim suite cois abhann anseo, an ghrian ag taitneamh, agus mé istigh liom féin. Is breá liom an leagan cainte sin, 'istigh liom féin.' Bhíos idir dhá chomhairle i dtaobh bogadh ar aghaidh go dtí Ponferrada, nó cur fúm anseo ach bhí méar bheag na coise clé go dona, agus chasas ar mo sháil ar ais isteach in Molinaseca. Fuaireas seomra dom féin ar €15 in Casa Rural, bricfeasta amáireach san áireamh, agus chuireas burla éadaí brocacha sa mheaisín níocháin. Bean an tí atá ag féachaint ina ndiaidh ar €6.

Tá áthas croí orm gur chuireas fúm. Sásamh millteach é eochair do sheomra féin a bheith agat, do leaba féin, braillíní glana bána cadáis, agus cónaí agus tíos sa tigh. Seantigh breá ar leataobh sráide, fairsinge ann agus boladh *polish* céarach ón adhmad dorcha. A Chríost, bhaineas lán na scamhóg as na bolaithe, seachas allas na *albergues*. Deinim amach go bhfuilim seanphriocta ag dreancaidí nó ag béisteanna nimhiúla na mblaincéad. Comhairle a chuir an dochtúir óg Gearmánach orm: an mála codlata a chaitheamh sa triomadóir – *secadora* – chun iad a mharú. Caithfead a dhéanamh.

Bhí bricfeasta réitithe ag an mBráthair Xavier dúinn ar an sliabh ar leathuair tar éis a sé agus é le rá aige go raibh sé dhá chéim os cionn an reophointe amuigh. D'fháisceas go croíúil é sular chuireas díom. Chuir sé tocht orm imeacht, ba bhreá an Críostaí é. Is dócha gur thug sé laethanta m'óige chun cuimhne. Dá mbeadh Eaglais bhocht chomh grámhar daonna seo ann, bheadh na milliúin chuici.

Bhí sé fuar ar an sliabh, ach ghéaraigh an fuacht ar úire agus ar bholaithe na mochmhaidine, é dealraitheach le bheith ar an bhfarraige go moch. Na soilse ag caochadh ag cuid de na siúlóirí, dearg ar chúl agus bán chun tosaigh ag fear amháin as Ceanada agus a bhean, bhíodar ar chuma dhá chrann Nollag ag preabarnaigh romham. Bíonn cuid acu chomh feistithe le péacóga, go háirithe muintir Mheiriceá Thuaidh.

Ag dreapadh i dtosach an lae a bhíomar, an lá ag gealadh anoir agus na sléibhte lastall agus laistíos ag teacht chun solais diaidh i ndiaidh. Crainn ar na sléibhte go mullach agus an t-aer á mhilsiú ag na gathanna. Gan puinn teasa áfach go dtí leathuair tar éis a naoi agus an chonair ag teannadh le cliathán na gcnoc. Slua bailithe ag La Cruz de Ferro, carn mór cloch ar an mullach sléibhe, agus radharc siar ar bhaile mór Ponferrada agus ar na sléibhte ar a chúl. Simnéithe ar dheis ag brúchtadh gaile, stáisiún cumhachta nó stacanna tionsclaíochta.

Cuid den chonair garbh go leor, le fána síos cuid den am, agus clocha agus carraigeacha géara ann. Níor mhór bheith aireach ar na clocha sleamhaine, ach ní raibh deoir bháistí ann ná aon bhraon geallta. Bhí sé go maith tar éis a deich nuair a shroicheas sráidbhaile don sos. Ní béas liom stopadh sa chéad áit a bhuaileann liom, agus shocraíos isteach i dtábhairne ciúin liom féin.

Ní raibh an ghrian sroichte go dtí cúl an bhaile go fóill, ach d'aimsíos póca beag gréine. Bhí an chos ag cur orm mar gheall ar na stráicí fada le fána ghéar. Beannú fánach amháin a dheineas le daoine ar maidin, gan fonn orm comhrá a dhéanamh. Bhí lóistín na hoíche aréir fós i mo cheann, agus mé ag cuimhneamh ar an iliomad bealaí chun an Camino a dhéanamh. Ceann de na buanna a bhaineann leis, go bhfuil rogha ag an oilithreach gan mórán in aon chor a chaitheamh – abraimis, mac léinn – nó Camino sócúil a dhéanamh, ag fanacht i lóistíní daora, ithe amuigh, an bagáiste a chur ar aghaidh, sos a thógaint gach ceithre nó cúig lá. Is mó sórt, mar a dúradh, agus iad go léir ann. Cuid mhaith daoine ón Áis – ón gCóiré Theas – ní dhealraíonn sé go bhfuil airgead mór acu le caitheamh. Fós, níor chuala gur chaith éinne codladh amuigh.

Maidir liom féin, chloíos go docht i dtosach aimsire leis na *albergues* – cinn phoiblí is mó ar chostas íseal – ach de réir mar a bhogaim níos cóngaraí do bhaile, agus na cosa leonta, beidh orm aird a thabhairt ar chompord an tseanduine. Cuid de na mná atá san aois – bean amháin ó Ontario, Ceanada go rabhas ag caint léi – fuaireadar an-dian inniu é ag imeacht le fána. Dúirt an bhean seo liom gur chaith sí ceithre lá sosa a thógaint agus an bus a fháil, fad a bhí a cos ag cneasú. Chaith sí uaithi na buataisí agus cuaráin siúlóide a chaitheann sí anois. Ní raibh puinn airgid sa bhreis le caitheamh aici féin agus a fear mar gheall ar luach dollar Cheanada, agus ba léir nárbh aon dream rachmasach iad. Bíonn na rachmasóirí róchúramach faoina rachmas chun drannadh le haon Camino.

Bhaineas baile beag Molinaseca amach mar a dúrt cheana agus táim buailte fúm anois ar an *plaza* i lár an bhaile. Seanbhean taobh liom i ndoras a tí ag tógaint na gréine, agus tamallacha comhrá againn. Tá cónaí uirthi in Ponferrada, ach tagann sí amach an treo seo gach lá lena mac. Tá garraithe anseo acu, iad ag fás torthaí agus caora finiúna.

Is breá an dream iad na Spáinnigh chun socrachta agus chun pócaí beaga suaimhnis a fháil dóibh féin. Cuid mhór den Camino domsa, pé scéal é, blaiseadh beag éigin a fháil ar a saol.

Bhíos ag an *farmacia* ag fáil téip liachta le cur ar na méaranna cos agus uachtar frithbheathach. Uachtar leata ar na cosa anois, cosnochta faoin ngrian, féachaint an gcneasóidís. Deinim gáire dom féin, nuair a chuimhním ar Godot le Beckett agus an líne ag duine de na bacaigh, Vladimir: *'There's man all over for you, blaming on his boots the faults of his feet.'* Fear mór siúlta sléibhe ab ea Beckett féin tráth.

Seans gur meabhrú géiniteach í méar bheag na coise nach bhfuil méaranna na gcos scartha óna chéile ach milliún éigin bliain agus go rabhamar, tráth a shiúlamar nó a shnámhamar isteach ar thalamh ón bhfarraige, inár bpiongainí nó inár n-éanlaith chlúimh ar chuma na lachan.

Sea, tá ardú meanman orm tráthnóna suite liom féin ar bhinse. N'fheadar an bhfuil cuma an tseanóra ormsa leis, i súile na ndaoine ag gabháil thar bráid. Rud eile de, is tábhachtaí liomsa anois go mbeadh aga agam le caitheamh ar an leabhrán pinn seo, nó bheith 'istigh liom féin', ná bheith ag déanamh cruatain ar mhaithe le ciliméadar fánach.

27. Molinaseca – Trabadelo

8 Deireadh Fómhair

Bhí greim docht ag an mbean as Oregon ar an bhfriochtán. Gach aon uair a bhaineadh sí leis an sorn, phléascadh an solas. Bhí ceannlampaí á lasadh sa chistin mhór fhairsing ag na hoilithrigh, cúpla duine ag fógairt ar an *señora* bhocht dúiseacht, agus an tseanbhean as Oregon beag beann ar gach liú. Bhí sí ag déanamh *turnover eggs*, agus ba í ba lú a thuig go raibh sí ag gearrchiorcadú na cumhachta. A folt liath ina straoill léi, agus slipéirí tí uirthi, gan aon chuimhneamh aici ar dhul ag siúl. Siúlóirí ag brú timpeall uirthi ag iarraidh cur díobh tar éis bricfeasta éigin.

Ach bhí sí meáite ar a cuid *turnover eggs* a nochtadh go mílítheach sa fhriochtán arís gach uair a socraíodh an fiús. Thairg sí, faoina hanáil, don bheirt Shasanach, Helen agus Holly, máthair agus iníon, éirí as '*since you're goin' walking*' ach choimeád sí leis an bhfriochtán. Faoi dheireadh bhí a cuid slaimice réidh agus níor phléasc an fiús níos mó.

Helen agus Holly féin, scáthán den mháthair an iníon ar gach slí: an siúl truslógach céanna, buataisí mar a chéile, an paca droma, an feisteas siúil, an tslí chéanna acu araon i mbun siúil, saghas ionsaí truslógach chun cinn in aghaidh aeir. Níor thuigeas riamh cad a bhí sa cheann acu. Ó Kent Shasana iad, tuigeadh dom nach raibh oiread na fríde de shamhlaíocht acu. Níor fhág san nár leanas féin iad sa treo mícheart lá, agus mé idir dhá chomhairle. Níor dheimhníos an treo dom féin. Gheallas dom féin nach dtarlódh sé sin an athuair.

Pé scéal é, ag an mbord, bhíodar ag dumpáil Rúmánaigh óig, bean sna tríochaidí a bhí ag siúl ina dteannta. Bhí clog uirthi faoi ionga ordóg na coise, gan trácht ar an iliomad eile, agus méar láimhe aici briste, timpiste a tharla roimh an Camino. Mála cógas aici, ach dúrt féin léi dul go dtí *Centro de Salud*. Bhí sí chun tacsaí a fháil tar éis bricfeasta.

Bhí leisce orm féin cur díom as an gcompord. An lá geal cheana féin agus an dara caife á réiteach agam. Cinneadh le déanamh: sprioclá in Santiago; mo chos leonta; an fhaid a thógfadh sé Santiago a bhaint amach agus seans a thabhairt don chos cneasú. Chaithfí am a thabhairt don uachtar frithbheathach.

Raghainn de chois go Ponferrado, agus gheobhainn an bus go Villafranca del Bierzo, breis bheag agus 20 km. Ní raibh dul as. Chuireas díom agus thuigeas nach raibh lá fada siúil ionam. Nuair a dheintear cinneadh, glanann an ceann agus éadromaíonn an choisíocht. Shiúlas romham gan aird ar thír ná ar oilithreach; thugas sracfhéachaint ar *fuente* Rómhánach faoi leibhéal an bhóthair nua-aimseartha.

Bhaineas Ponferrada amach, agus nuair a chonac an bus cathrach chugam, léimeas ar bord. Thug sé go lár an bhaile mé agus stáisiún na mbus. Bheadh bus ar leathuair tar éis a haon déag go Villafranca ar €1.65. An lá brothallach fiú anois ar ceathrú tar éis a deich. Bhaineas díom mo bhuatais chlé agus thugas faoiseamh dom féin. Chuir cúpla seanfhear caint orm agus mé sínte ar an dtalamh ag an stáisiún, mionchomhrá maidine le stróinséir. An Ghailís chugam in imeacht dhá lá, bhí na sléibhte os ár gcomhair agus caipíní scamallacha ag luí orthu.

Ghluaiseas i dtreo an bhus, gan ach 'oilithreach' amháin eile romham. D'aithníos é. Fear gruama dorcha a cheapas, stad sé i mbéal dorais oíche, ar deoch, ag tathant orm bheith istigh roimhe. Hata air, casóg lomra caorach de shaghas, na guaillí cromtha ina mhuineál, scrabhadh féasóige air i leith piobair agus salainn, fear a bhí ag iarraidh an saol a chur uaidh. Ní fhaca a phaca.

Is ait na rudaí – na comharthaí – a ritheann le duine agus an té eile á mheas aige. Seans gur comharthaíocht phrimitíveach atá ann, conas an namhaid a bhrath. Sheasas taobh leis. Tháinig duine de na seanfhir go rabhas ag caint leo i leith chugainn, agus labhair leis an bhfear dorcha.

Spáinneach ambaiste. Bhí déanta amach agam gur ó thuaisceart na hEorpa é. Bhí sé ag caitheamh toitíní agus nuair a labhair sé liom, dhiúltaigh sé casadh ar Spáinnis. B'fhearr a chuid siúd Béarla ná mo chuidse Spáinnise a dhein sé amach. Bíodh aige. Tháinig an bus, chuireamar na pacaí ar bord – paca lae ag mo dhuine – agus seo linn. Bhog sé amach agus sinn ag caint. Fear litríochta!

Bhíos chomh sásta labhairt le duine go raibh cur amach aige ar Machado – bhí leabhar scríte aige air, a mhaígh sé – agus tuiscint aige ar Dante agus ar litríocht na hIodáile.

Bhí an teitheadh curtha ag Astrálach mná ar maidin air – 'theastaigh uaithi siúl in ainm Dé' – agus bhí sé féin ag súil le 'cúiteamh éigin' ina chomhluadar le trí lá mar fhear teanga.

'Siúl,' ar sé, 'canathaobh go raghainn ag siúl? B'fhearr i bhfad síneadh siar don lá ag léamh. Tá Machado i mo mhála agam.'

'Nach ait an mac an saol, ach tá eagrán agamsa dá dhánta i mo mhála chomh maith, aistriúcháin Bhéarla …'

'Á, do leithéidse, ní fhéadfair Machado a léamh i gceart go deo. Caithfear é a léamh sa bhunteanga, ní haon mhaith an t-aistriúchán Béarla chun na tagairtí ar fad atá sa bhunscríbhinn a fháil.'

B'in mise curtha i mo thost, ag Juan-Carlos.

Duine doicheallach ab ea é, ó cheart, agus greann bearrtha, dorcha ann. Focaer tiarnúil i ngreim docht ar a phaiste loiscthe féaraigh féin. Shamhlaíos a leithéid i gceann den iliomad úrscéalta *picaresque* Spáinneach úd, *Eachtraí Don Miguel ar Theacht i Seilbh Oidhreacht a Athar dó* (liom féin an cóipcheart ar an teideal seo!), pearsa imeallach go mbuailfeá leis ó am go ham in *bodega*, nó ag teacht as *taverna* ach é gan athrú ina chló ná ina fheisteas ná ina phearsa ó cheann ceann na hinsinte. Á, seo chugainn Juan-Carlos, n'fheadar cén tuire atá anois air …? Chaithfeadh sé an lá dom ag cuimhneamh air. Thuigeas uaidh go raibh sé ag teagasc litríocht agus teanga na hIodáile sa tSeapáin, má bhí. D'fhéadfadh Juan-Carlos a rogha scaothaireachta a insint agus ní fhéadfaí é a bhréagnú. Ba é an t-oilithreach ba neamh-oilithriúla a casadh fós orm é, bhí an chraobh sin aige ach go háirithe. D'éirigh sé amach i mbaile Cacabelos. D'fhanas féin sa bhus.

Mé féin an t-aon oilithreach amháin a d'éirigh amach in Villafranca. Réiteach an dá leathbhróg a bhí agam ar an gcos, cuarán batráilte, agus an bhuatais fós ar an gcois dheas. Bhaineas amach lár an bhaile gan é ach ina am lóin. Bhí an Siúlaí Mear as Vancouver, Speedy Wendy agus a fear anois léi suite ag bord ag ithe lóin dá ndéantús féin. Bhí siúlta acu beirt cheana féin as Ponferrado, cuma na lúthchleasaithe rásaíochta orthu beirt, lom go cnámh. Fuaireas cuireadh suí chun boird, agus pé iomard a bhí orm, dúrt leo go raibh siúlta agam as Molinaseca … ní hea … bhuel chaitheas an bus a fháil ó Molinaseca go Ponferrado … Níor chreideas féin é, gan iadsan a bhac. Bhíos i ngreim an éithigh. Scaoileadar tharstu é.

Go maithe Dia dom é, ach bíonn orm sáriarracht a dhéanamh bheith geanúil lena leithéidí. Ní bhraithim go ngreamaíonn an saol in aon chor díobh, agus a mbíonn d'fheisteas lonrach á chaitheamh acu. Sciorrann frídíní an tsaoil dá ndroim, dá gcolpaí, dá ngéaga. B'in iad an dá chrann Nollag an mhaidin cheana!

Bhíodar flaithiúil áfach faoina gcuid lóin a roinnt liom. Thugas tamall maith ag cadráil, agus shocraíos imeacht ar deireadh cé gur baile breá ann féin é Villafranca del Bierzo, 'Santiago beag' mar a thugtaí air sa sean-am, de réir an treoirleabhair: thugtaí 'maithiúnas' anseo d'oilithrigh nach bhféadfadh leanúint orthu as seo go Santiago féin.

Bhí trí bhealach roghnacha as Villafranca féin – *Camino duro* ceann acu, thar an sliabh go hard gan mórán comharthaí slí; *Camino verde* thar an sliabh ar an dtaobh eile, gan é bheith ar an bhfiántas, ach garbh go leor trí fheirmeacha agus a leithéidí; agus an tríú bealach, le hais an bhóthair cuid mhaith den tslí agus a chas isteach faoin sliabh go dtí mo cheann cúrsa, Trabadelo.

Ní sheasfadh mo chos aon bhealach ach slí le hais an bhóthair agus an abhainn taobh leis. Fear na leathbhróige agus an chuaráin ite go sáil, caithfead uaim an dá cheann acu in Santiago nó ina dhiaidh. Mo ghraidhin iad na Birkenstocks céanna, bróga na Seachtóidí le boinn choirc.

Bheadh tosaíocht mhaith agam dá mbainfinn Trabadelo amach tar éis Molinaseca a fhágaint an mhaidin sin. Réitigh socrú an dá leathbhróg go seoigh liom, agus méaranna na coise clé leata go breá gan teannadh na buataise.

Bhí an mórbhóthar féin ciúin ar ámharaí an tsaoil, agus an chonair ag tiontú isteach sna gleannta idir na sléibhte ón dá thaobh. De ghnáth, ní bheadh leisce dá laghad orm tabhairt faoin gcnoc, ach caithfear fuineadh de réir na mine. Fodhuine a bhí i mo theannta feadh na slí. Fear ard, donnchraicneach, plaitín maol, é ag imeacht de thruslóga romham amach. *Buen Camino!* Agus seo leis.

Bhí suas le 11 km go Trabadelo, agus chas an chonair trasna an bhóthair mhóir ar deireadh. Isteach leis trí choillte sceithdhuilliúracha ar bhóthar cúng tuaithe, mar a bheadh áit i gCill Mhantáin. Thógas sos i sráidbhaile feadh na slí, mar a raibh cúpla oilithreach fánach eile, an fear fada caol maol donnchraicneach san áireamh. Dúitseach, bhí sé ar an mbóthar le trí mhí ón Ísiltír. É éirimiúil, is cinnte, ach beagán ar buile leis, *la folie douce* mar a thugann na Francaigh air.

Ach ar seisean, 'Ní thuigim cén fáth nach dhá chuarán atá ort, seachas an dá choisbheart éagsúla.'

'Tá an ceart ar fad agat, níor chuimhníos féin air.'

Cheanglaíos an dá bhuatais de mo phaca agus ar aghaidh liom. Bíonn leisce i gcónaí ann éirí, tar éis suí, ach ní raibh mórán siúlta agam agus bóthar mór déanta. Bhí sé ag déanamh ar a cúig nuair a bhaineas Trabadelo amach agus *albergue* Camino y Leyenda.

'Tá leaba amháin fágtha, ní foláir nó tá tú buailte amach tar éis 40 km a dhéanamh,' ar sé ag tabhairt sracfhéachaint ar mo *credencial*.

'Táim traochta,' ach níor bhréagnaíos ficsean na siúlóide.

Bhí saghas náire orm a rá leis gur thógas an bus, cuid mhaith den tslí, gan aon chúis náire ann. Dá scrúdódh sé na stampaí go géar, chífeadh sé go raibh ceann agam ón *estación d'autobus* in Ponferrada. Chuile dhuine agus a anró féin aige, arís eile.

Fear an-lách ab ea Pio, agus a bhean chéile go deimhin. Thug Meiriceánaigh a bhí sa seomra céanna liom an leaba ab fhearr dom, mar gheall ar mo ghaisce siúil. Mise an seanfhear sa seomra, leis. A Chríost, ní raibh aon deireadh leis an staic de bhréag a bhí inste agam. Nach in é i gcónaí ag an éitheach é. Ní rabhas istigh liom féin, deirim leat, agus luath nó mall bhéarfaí amuigh orm, an Gael seo lán de bhréag-ghaisce ar an Camino agus 42 km faoina chrios aige. Scaoileas leis. Ní dhéanfainn arís é – admháil ghlan amach feasta, má bhíonn i gceist.

Éiríonn sé fuar luath go maith san oíche istigh sa ghleann nuair a imíonn an ghrian faoi scáth na mullaí. Fuaireas béile breá i gceann de na bialanna, ar deighilt ón *autopista* idir Maidrid agus A Coruña a ghabhann tríd an gceantar seo.

Cúpla duine fánach sa bhialann, bhí bean an tí breá cainteach, suáilceach. Choimeádas ar deighilt ón gcuid eile díobh, Meiriceánaigh agus muintir Cheanada, an chuid eile den oíche. Bhuaileas fúm sa bheár ag féachaint ar nuacht na teilifíse.

Bhí an chuid eile ina gcodladh romham. Bhíodar ag imeacht ar maidin nuair a dhúisíos.

28. Trabadelo – O Cebreiro

9 Deireadh Fómhair

Sa Ghailís ar deireadh. Pedrafita do Cebreiro. Níorbh é an geata isteach a beartaíodh é, ach ba í an Ghailís í. Baile Bhúirne ar an sliabh, cliathán bagúin ag taistealaí, sreang dheilgneach agus uirlisí feirme lasmuigh de shiopa crua-earraí, gan oiread is clár bia, ná ceapairí, ná *desayuno* fógartha. Fuaireas beoir do mo chompánach, caife dom féin, agus chuas sa *panaderia* béal dorais chun ábhar ceapaire a cheannach. Bhíos stiúgtha. Bean óg taobh thiar de chuntar ag déanamh an cheapaire – thugas mo scian póca di – agus blúire ime uaim féin, idir comhrá le triúr nó ceathrar ón áit. An taistealaí bagúin ag iarraidh a ghnó a chur i gcrích. Í féin ag imeacht ón gceapaire. Chuas laistiar den chuntar chun é a dhéanamh. Ba chuma léi. Bhraitheas ar ais i siopa Barrett's i gCaipín fadó, áit dhúchais mo mháthar. Bhíodh cead agam dul laistiar de chuntar in Barrett's agus mé i mo gharsún óg anuas ón sliabh ag siopadóireacht.

Nuair a bhuaileas ar ais sa bheár, d'alpamar. Bhí beirt fhear sna fichidí thall ag ceann an chuntair. Gailísis acu, ar mo leabhar. Bhí an chuma Ghailíseach sin orthu, leaideanna tuaithe, amuigh sna goirt, pluca séidte ag an ngaoth agus ag an mbeoir.

'An Gailísis atá acu?' a fhiafraím de bhean an tí.

'An bheirt sin? Tá sí acu á labhairt go tréan.'

'Éireannach mé féin, Briotánach mo chompánach, agus Gailísigh iad féin.'

'Todos Celtas!' ar siad go caithréimeach, agus an buidéal go dtí an béal acu. Dá mbeinn ar an ól, d'fhéadfainn an lá ag síneadh amach romham a shamhlú. Nó dhá lá!

Chaithfimis tabhairt faoin gcnoc arís. Bhailíomar ár gcuid stuif agus b'eo linn. Bhíos ag siúl romham i m'aonar ó mhaidin, nuair a tháinig mo chompánach suas le mo thaobh. Bhí breacaithne agam air le tamall, á aithint, ag beannú dó, ag malartú cúpla abairt leis, agus ag imeacht linn an athuair. Ach d'fhanamar in éineacht an turas seo.

Trí na harda suas, na gleannta ag síneadh uainn ar chlé, bailte beaga teanntaithe i bpócaí sna gleannta agus an mórbhóthar ag déanamh isteach i dtreo A Coruña. Bóthar eile fúinn agus lenár dtaobh. Charlie nó Hervé ab ainm don Fhrancach, feairín beag, fáiscthe, fuinniúil. Briotánach ó dhúchas, ach é ina chónaí le fada in Avignon, chuirfimis aithne ar a chéile go ceann cúpla lá is dócha. Bhí sé in éineacht le roinnt Francach eile, ann as, ach ina aonar is mó ar mo chuma féin. Fonn comhluadair anois air, agus é ina cheann aige stopadh in Las Herrerías leathshlí suas i dtreo O Cebreiro. Ach nuair a dúrt leis go mbeadh báisteach amáireach ann, d'athraigh sé a aigne agus leanamar ar comhchoiscéim suas in aghaidh an tsléibhe. Comhluadar suáilceach, éasca ab ea é, beagán níos sine ná mé féin, agus chuireamar an saol trí chéile gan mórán aird a thabhairt ar an gconair cheart. Is amhlaidh a d'oir dom féin leanúint ar an mbóthar tarra cothrom in aghaidh an aird, agus mé ag siúl sna cuaráin. Bhí conair an Camino suas síos, ar chosán garbh, agus bhíomar imithe thar an gcasadh faoin am a thugamar faoi deara nach raibh deoraí inár dteannta. Rothaithe amháin a bhí ag gabháil tharainn. Bhí bóthar fada le déanamh, carranna amháin chugainn, agus chaithfimis dul ar aghaidh trí chúpla sráidbhaile nár dhrann oilithreach riamh leo mura mbeadh sé ar fán. A chuma orthu, gan beann ar oilithrigh, gadhair scaoilte ach gan a bheith mallaithe.

'Cén fhaid é go dtí O Cebreiro?' a d'fhiafraíos de bhean i ngort.

'4 km go Pedrafita agus 4 km eile go O Cebreiro ina dhiaidh sin.'

Bhíomar spallta – bhí Charlie tar éis 5 km breise a dhéanamh, ag teacht as baile eile, ach níorbh aon fhear gearáin é.

'Seasfad deoch duit in Pedrafita,' arsa mé féin.

Bhí radharc againn air le fada gan é a bhaint amach, agus nuair a bhain, bhí faoiseamh ar bheirt againn agus ardú meanman orainn a bheith sa Ghailís.

In aghaidh an aird arís tar éis an tsosa, agus é ag insint dom mar gheall ar chúrsaí a shaoil. Mórdhíoltóir torthaí agus glasraí ab ea é, an chuid dhéanach dá shaol le dhá bhliain déag, ag éirí san oíche chun dul ag obair ar leathuair tar éis a haon, ag bainistiú a chomhlachta. Ag ceannach sa Spáinn in Almeria is mó, tír na dtrátaí agus na dtáirgí eile faoi ghloine agus faoi ghás nár theagmhaigh riamh le spúnóg chré. Leoraithe aige ag imeacht ar fud na hEorpa. Caitliceach creidiúnach, *croyant* agus *pratiquant,* mac dó ina chaptaen póilíní in Grasse sa Fhrainc, a bhí pósta le bean as an tSeirbia agus í fostaithe i monarcha cumhráin Fragonard, Rúisis líofa aici chun freastal ar thurasóirí na tíre sin. Saol comhaimseartha, fíorshaol fíordhuine a bhí gníomhach i gcumann fóirithinte in Mali, páirteach i gcumann Eorpach Robert Schumann, fear gan éirí in airde ná mórchúis.

Bhí an tráthnóna breá gan a bheith brothallach, agus radharc i gcéin ar ár slí suas, ar na sléibhte sa Ghailís ag síneadh uainn siar agus ó thuaidh. Glaise na hÉireann agus sléibhte na hAlban, agus an *autopista* anois ag saighdeadh leis trí na gleannta, na géaga loma coincréite agus a n-áilleacht féin acu.

Ar deireadh, bhíomar ar imeall O Cebreiro, agus é féin tnáite.

'An turas is faide a dheineas ó thosnaíos,' ar sé.

B'fhear é go raibh a rithim féin aige. Cur chun bóthair ar a seacht nó ceathrú tar éis gan é ina lá geal fós, tuairim is 24 km a dhéanamh, sroichint luath go maith, a chuid níocháin a dhéanamh, síneadh siar agus b'fhéidir an dá uair an chloig codlata féin a dhéanamh. Éirí amach úr, athnuaite, ithe nó freastal ar Aifreann go deimhin, agus codladh na hoíche ansin.

Fuaireamar an chéad bhlaiseadh ar O Cebreiro ar an ard, tuí á chur ar cheann tí stórála cruinn, tuí cruithneachta ón gcuma a bhí air. Chuir an baile an sráidbhaile ar an Riasc i gCorca Dhuibhne i gcuimhne dom, dá mbeadh an baile sin tagtha slán. Tithe cloiche, sráideanna cúnga agus na siopaí ann mar a bhí sna sean-laethanta in Éirinn – chuas isteach i gceann acu agus bhí na mionphraghasanna suimithe ag an gcailligh istigh sular bheannaigh sí dom. Suimiú de lámh ar bhileog mhór, tá a leithéid de chailleacha ar fud an domhain mhóir.

Albergue breá *Xunta* na Gailíse, ar aonchaighdeán ar fud an réigiúin, agus slí do chúpla céad ann. Bhaineas mo dhá chuarán díom lasmuigh de bheár nuair a bhí mo leaba faighte agam. D'fhanas ann liom féin ar feadh cúpla uair an chloig ag faire ar oilithrigh eile ag sroichint inár ndiaidh, ag ól uisce agus mo chompánach ina chodladh.

Bhí fonn air dul ar Aifreann na nOilithreach sular itheamar béile, sa séipéal ársa ar an mbaile. Scéal fola naoimh i dtaisce ar cheann de na taobh-altóirí istigh, agus umar ársa baiste. Chuamar ag ithe le beirt Chatalónach, ag an mbord, ina dhiaidh. Thug duine de na Catalónaigh an béile ar fad ag cur neamhspleáchas na Catalóine chun cinn agus é ag cnagadh an bhoird san áiteamh, an dá shúil ag bolgadh ina chloigeann. Faoin am go raibh an béile thart bhí fonn

orm neamhspleáchas na Catalóine a shá siar ina dhrad agus neamhspleáchas gach cine réigiúnach eile san Eoraip agus ar domhan.

Chuas a chodladh agus cloigeann ón taobh thall díom ag fógairt ar nós ceobhuinneáin. Chodlaíos mar sin féin.

29. O Cebreiro – Triacastela

10 Deireadh Fómhair

Bhí na clocha ar an gconair géar faoi na boinn agus an lampa cinn ag lasadh na slí. É dorcha ar ndóigh, bhí fonn amach ar an mBriotánach agus thoilíos. N'fheadar an raibh teas sa suanlios i gcaitheamh na hoíche, ach bhí an t-aer múchta ann. Suas le seasca éigin duine inár gcuidne de, nó breis.

An t-aer fuar, báisteach geallta ach ní mór an fliuchadh a bhí déanta aige go dtí seo. Le fána síos, leis an ard suas, nocht paistí solais diaidh i ndiaidh sna coillte giúise lenár dtaobh. Dathadóireacht mhochmhaidine, bruiseáil scáinte faoi mar nach raibh dóthain péinte ag an dathadóir ar an scuab. Sea, bhíomar ag gabháil na slí, trí shráidbhailte tréigthe, idir tithe fáiscthe ag clósanna feirme gan aon chuimhneamh ar na ba a chrú go fóill – pé am a chrúnn siad na ba sa Ghailís. Chuimhníos ar cheantracha déiríochta Chúige Mumhan go láidir, bainne agus féar tirim ach crainn chastáin agus úll anseo thar mar a bheadh sa bhaile. Ní raibh cupa caife féin ólta againn sular fhágamar, ná teacht air, cé go raibh solas á lasadh sna caiféanna sular chuireamar dínn. Bhí 10 km siúlta againn faoin am a nocht solas i mbeár ar an tslí.

Bean óg istigh ag freastal, bhí an chuma uirthi gur sheas sí ón lá a saolaíodh í i mbeár ar leithinis Bhéarra. Col ceathrar le huncail do dhuine muinteartha.

L'âme du village – anam an tsráidbhaile – a thug mo chompánach ar na seanséipéil ar ghabhamar tharstu, ach go minic, ba mhó a bhí cearca ag priocadh ar na céimeanna ná aon duine ag gabháil an doras isteach. Iarsmaí seansaoil iad.

Chuireamar chun bóthair an athuair agus an dara hanáil faighte againn ón gcaife agus ón siúcra. Ag plé gach gné den saol, mise tosnaithe ag aithris filíochta le Villon agus iontas air féin go mbeadh a leithéid ag éinne, gan eachtrannach a bhac. Iarsma seansaoil go deimhin. Ait na nithe a thagann aníos i gcomhrá ach thagair sé sa siúl dúinn do bhean, Françoise Dolto, sárchomhairleoir timpeall ar leanaí a thógaint thiar san Seachtóidí déanacha, chaith sé. Síocanailísí agus ní cuimhin liom cad eile. An ghlúin sin, tuismitheoirí na Seachtóidí, go mór faoina hanáil, bhínn féin ag éisteacht léi ar raidió na Fraince agus na leanaí óg. Thógas an-cheann di ag an am, agus dá ciall stuama, thuisceanach, doimhnithe ag a léamh ar Freud agus ar Jung agus iad go léir.

Chuir sé dairt uaignis orm bheith ag cuimhneamh ar an gcuid sin de mo shaol a bhí ceilte le fada orm. Ag cur san áireamh mo chúrsaí pearsanta clainne idir dhá linn. Agus féach anois, ar an Camino go Triacastela, le Francach, go nochtfaí arís dom an tréimhse shuaite sin.

Bhíomar ag druidim le Triacastela nuair a stopamar ar feadh tamaillín. Caife eile agus gá leis. Beirt Shasanach, mná sna caogaidí suite chun boird. An bheirt againne ag stealladh Fraincise. Chuireadar caint orainn i bhFraincis bhacach. Bhí an-gháire againn nuair a nochtadh mo chine.

Beirt bhreá, a bhí ag críochnú a n-aistir féin inniu in Triacastela. Bhí clog úr ar mo chos féin agus é ag luí in aghaidh mo bhuataise – buataisí inniu mar gheall ar smeadráil bháistí.

'An leigheas is fearr ar do chlog,' arsa duine acu, 'ná snáth agus snáthaid, é a pholladh agus an snáithín bán a chur tríd chun é a dhraenáil.'

Thóg sí na giúirléidí as an mála. Seo liom ag polladh an chloig tríd an bpaiste *compeed*. Fuaireas faoiseamh láithreach ón snáithín agus mé buíoch ó chroí di.

'*Working up a nice sweat now,*' ar sí nuair a ghabhamar tharstu ina dhiaidh sin in aghaidh an aird.

Bíonn an chuid is fearr de na Sasanaigh thar barr, an greann íoróineach sin acu.

Bhí teaspach ar an mbeirt againne ag siúl romhainn, suas nó síos anois ba chuma cé acu. Cuma an fhómhair níos mó ná riamh ar an lá, úlla tite le talamh, meas an tséasúir. Bhain seanbhean, agus buicéad lán seanphrátaí aici, stad glan asam ar an gconair.

'Bhíos á mbailiú,' ar sí liom, 'le tabhairt do na muca.'

Pé cuma a bhí uirthi, mar a stad sí chun an buicéad a leagadh uaithi ar an dtalamh, mar a labhair sí lena tuin tuaithe Ghailíseach, bhraitheas go raibh mo mháthair romham amach. Tháinig tocht orm. D'imigh mo chompánach chun cinn. D'fhanas ag caint léi, ag iarraidh a Spáinnis chlaochlaithe a thabhairt liom. Chuala mo mháthair ag caint. Mo mháthair ina hathbheo. D'ardaigh sí an buicéad léi, agus isteach léi i ngort.

Bhí crann, na céadta bliain d'aois, le hais na conaireach. Ársa, ársa, agus aimlithe ag tintreach. Fréamhacha glasa féin, mionchraobhacha athfháis, ag dul ar gcúl anois san fhómhar. Ó a Thiarna!

'Cad a chonaic tú?' arsa an Briotánach nuair a thánag suas leis.

'Faic, an seanchrann úd ar an gconair.'

'Déarfadh éinne go bhfaca tú taibhse.'

'Taibhse ab ea an crann.'

Shiúlamar isteach in Triacastela fáiscthe idir na cnoic. Ba roimhe sin agus iad crúite anois acu, á dtiomáint go socair ar ais sna goirt.

Bhí am againn bualadh fúinn sular oscail an *albergue* ar a haon. Charlie sásta leis féin a bheith sroichte luath.

Bhí an tráthnóna le caitheamh. Gan ach ceithre leaba bhunc sa seomra, bhí an-slí ann, Airgintíneach óg agus a chara meánaosta Spáinneach inár dteannta. Fuaireas deacair é Spáinnis an fhir óig, ar comhaois le mac dom féin, a thuiscint i gceart. As Mendosa, cathair ar theorainn na Sile, faoi scáth na nAindéas. A Chríost, an Camino, mar a chaitheann sé daoine le chéile.

Bhuaileas fúm ag bord caifé. Beirt Éireannach agus Astrálach ag bord taobh liom in éineacht leis an mbeirt Shasanach a bhí sroichte anois. Bhí leisce orm aon chaidreamh mór a dhéanamh. Bhogas amach tar éis tamaillín. Eolas ag an mbeirt Éireannach ar chúrsaí talmhaíochta, á rá go raibh tionscal na déiríochta sa Ghaillís mar a bhí an tionscal in Éirinn tríocha bliain ó shin. An tAstrálach an t-iontas ba mhó – bhí sé seachtó éigin ciliméadar ón áit a bhí mo mhac Donncha ag obair in New South Wales, agus cur amach aige ar an tionscadal fuinnimh.

Bhíos ag caitheamh an lae nuair a ghabh bean aitheantais thar bráid gan aon choinne. Kirsten, an Gearmánach go raibh tamall siúil déanta againn le chéile. Labhramar le chéile, agus bhuail sí chun cinn.

Bhí báisteach ag bagairt i gcaitheamh an tráthnóna, an baile fáiscthe i ngleann idir na sléibhte. Bhí scéal leata ó bhéal go béal ar an Camino go raibh 'Jersey John' – as New Jersey sna Stáit – tar éis fáinne pósta a mhná céile a thabhairt leis ar an Camino le tabhairt uaidh. Cailleadh a bhean bliain ó shin. Chuir sé a fháinne pósta féin ina theannta, bhuail sé le lánúin óg a bhí geallta chun a bpósta, agus bhronn sé orthu iad. Leaid óg as Miami, de bhunadh na Colóime i Meiriceá Theas, agus ógbhean. Bhíodar i gceann de na bialanna, chuas ann agus thaispeáin an fear óg an dá fháinne dom – iad crochta timpeall ar a mhuineál – agus ceiliúradh beag ar siúl acu timpeall an bhoird. Pléaráca tráthnóna Sathairn – is fuirist a dhearmad cén lá den tseachtain ar an Camino é.

Ardbhialann a bhí ann i lár an bhaile agus bhailigh scata isteach ag ithe agus ag ól. Mo chompánach Francach ann agus daoine fánacha ag teacht is ag imeacht. D'fhanamar i bhfeighil an bhoird go raibh sé in am scoir agus dul a luí.

Tá *albergues* na Gailíse ar aon dul ó áit go háit, plean ailtireachta a thug an *Xunta* amach chun iad a chur á dtógaint, ach tá rud amháin i gcuid díobh nach bhfuil in áit ar bith eile: dánta ag filí idirnáisiúnta, sna bunteangacha, agus leaganacha Gailísise agus Castellano lena dtaobh crochta ar na fallaí. Iad maisithe le pictiúr ealaíne nó grianghraf, is mór an chreidiúint do *Xunta* na Gailíse iad. Ní fhaca mórán oilithreach ag tabhairt aird orthu, ach ní bheadh a fhios agat go deo cén ceann a thógfaí de dhán. Saibhríonn siad an t-aer timpeall orthu.

€6 an táille caighdeánach ar leaba na hoíche sa Ghailís. Cé a bheadh ag gearán?

30. Triacastela – Molino de Marzán

11 Deireadh Fómhair

Mochéirí arís. Iontas ar an Airgintíneach óg, Xavier, gur fir sna seascaidí sinn agus siúl déanta ag lán na beirte againn ó St. Jean. Chaitheamar siar caife agus bhuaileamar linn. Bhraitheas ó thosach ar mo chompánach nach raibh sé istigh leis féin. Bhí ardoíche againn aréir, gach aon gháire againn ach gan aon amhrán, agus d'ól sé féin roinnt mhaith fíona. Bhraitheas go raibh deireadh déanta ag ár gcompántas, gach rud pléite agus smeadráil bháistí aniar orainn. Sarria an sprioc inniu. An cluiche rugbaí idir an Fhrainc agus Éire b'fhéidir. Maidir liom féin, bheadh an Camino 'déanta' agam go teicniúil ach Sarria a bhaint amach. Ach, mar a dúrt cheana, ní raibh fonn orm an t-aistear a chur i gcrích go teicniúil. Cnuasach na gcos agus na coisíochta ó thosach deireadh mo sprioc, an turas a chríochnú amach mar aonad amháin. Chealódh an siúl ó Sarria mo chúpla turas bus pé scéal é.

Cuid de na daoine gur bhuaileas leo i dtosach, bhíodar imithe chun cinn nó tite ar gcúl. Bean Chiarraí, go bhfaighinn téacs fóin uaithi ó am go ham, bhí sí ceithre nó cúig lá ar gcúl. Daoine eile, ní ag cuimhneamh ar sprioc-am a bhíodar agus ghlacadar sos lae nó dhó. Daoine eile fós tite ar lár ar fad.

Níorbh aistear rófhada ar fad go Sarria é, breis bheag agus 18 km, agus bheimis ann ar ár suaimhneas in am do chluiche nó aon imeacht eile. Ach bhí rud éigin ag dó na geirbe ag Charlie agus nuair a stadas tar éis gabháil trí cheann de na sráidbhailte sléibhe, bhog sé féin ar aghaidh agus faoin am a leanas orm, bhí sé imithe as radharc.

Níorbh fhearr rud de. Tugann an Camino an duine aonair isteach i mbuillí na gcos agus i rithim siúil a aigne féin. Comhrithim. Comhshiúl aigne agus cos. Dá fhaid dá rabhas anois ar an Camino, b'amhlaidh ab fhusa an comhshiúl sin a bhaint amach, nó luí isteach leis. B'fhusa flosc na rithime a aimsiú don nóta ceoil.

Saothar in aghaidh an aird. An paca ag brú. An paca chomh héadrom le cleite ar uaire. Ní raibh aon mhoill orm ag baint Sarria amach. Sráidbhailte ciúine, maidin Domhnaigh, feadh na slí, boladh cac bó, crónán na meaisíní crúite, glaise na ngort, úlla buí agus castáin – brat castán ar na conaireacha, brúite faoi chois, nó diaidh i ndiaidh na meithleacha beaga Domhnaigh á racáil agus á mbailiú i miasa le tabhairt abhaile.

Fuaireas téacs fóin ón mbean Ghearmánach ar an tslí i m'aonar dom, go raibh sí ag tógaint sosa taobh leis an Ardeaglais in Sarria. Rud ab annamh liom, d'fhreagraíos í, á rá go mbuailfinn léi chun caife. Bhaineas imeall Sarria amach agus chuireas díom na céimeanna suas isteach sa seanbhaile. Bhí sí sínte ar bhinse agus an bheirt Chatalónach ón oíche arú aréir roimhe sin taobh léi. Ó, a Chríost, seanmóin an Domhnaigh ar neamhspleáchas na Catalóine!

Bhí sé in am lóin, agus bhuaileamar i dteannta a chéile suas faoin mbaile. Tháinig leisce úd an Domhnaigh arís orm. Bhíos idir dhá chomhairle anois maidir le cluiche. Gan aon radharc ar lánúin Toulouse, n'fheadar cad a d'imigh orthu. Bheadh tráthnóna fada le caitheamh sara dtosnódh an pléaráca, agus bheadh tionól Éireannach i láthair – gan Francaigh a bhac – nach mbainfinn mórán taitnimh as.

Bhí na Catalónaigh ag scaoileadh faoi abhaile ar an traein. D'imíodar tar éis greim a ithe, agus shocraíos féin agus Kirsten bogadh chun cinn amach as Sarria, 10 km amach as, ar a laghad, b'fhéidir; an tráthnóna bog, gan beann ar oilithrigh eile a bhí fanta in Sarria. Shiúlamar linn le hais an bhóthar iarainn i dtosach agus ansin trí na sráidbhailte ar na cnocáin. Ag cadráil, ar ár suaimhneas, bean i gclós feirme agus an scrogall casta aici ar choileach, ag stoitheadh na gcleití i dtobán uisce bog. A thóin bhuí san aer aici faoi bhogsholas an Domhnaigh agus gach gáire aici. Teaghlaigh amuigh arís ag cnuasach castán, *Buen Camino* ag na leanaí.

Bhí *albergue* i leataobh feicthe ag bean na Gearmáine ina leabhar, agus dhíríomar air, Molino de Marzán, seanmhuileann athchóirithe ar thaobh an bhealaigh. Ach ghabhamar amú, agus bhaineamar amach halla pobail i mbaile as an tslí. Nuair a thuigeadar istigh gur Éireannach mé féin, ní shásódh faic iad ach síob a thabhairt don bheirt againn go Molino de Marzán. Fear óg go raibh seal tugtha i gCorcaigh aige ag foghlaim Béarla, an paisinéir. Thuigeamar chomh mór as an tslí a chuamar nuair a d'fhágadar ag an ngeata sinn.

Seanmhuileann agus lochán, slí mhór, ní raibh ach triúr eile ag fanacht ann. Bean as Meicsiceo, lánúin Mheiriceánach-Indiach, agus anois an bheirt againn féin. Ait le rá é, ach is mó is baile dom an Camino seo – an dúthaigh ag síneadh siar i dtuaisceart na Spáinne, agus go deimhin, anoir trí dheisceart na Fraince – ná mórán áiteanna in Éirinn.

D'ullmhaigh an bhean Indiach – is é sin ón India féin – céile an Mheiriceánaigh, béile *kedgeree*, rís agus meascán glasraí agus anlann iógairt, agus bhí béile ag an mbord againn i dteannta a chéile. Bhí an *hospitalera* Spáinneach ann leis, bean óg neirbhíseach a chónaigh sa mhuileann le gadhar allta agus tréad cat. Ní scaoilfí an gadhar den iall go mbeadh na soilse múchta.

Turas 'spioradálta' a dúirt an Meiriceánach go neamhbhalbh a bhí idir lámha aige féin agus a bhean. Mac le misinéirí Meiriceánacha san India, dochtúirí leighis, é féin. Tógadh san India é, agus bhí Gujarati líofa aige, ar sé. Fear lom, socair, réidh ina chaint, gruaig néata liath air, geansaí dubh, gan pioc feola air mar a deirim, bhí tuairimí láidre aige i dtaobh na 'spioradáltachta'. Righin ina chuid tuairimí, tógaint an Bhíobla air, bhí acmhainn grinn aige ó na fiacla amach amháin. Bhí an Camino á dhéanamh ar a suaimhneas acu, ag ithe úll a thit ar an dtalamh, ag bailiú sméar dubh, ag cruinniú cnónna agus meas eile an tséasúir.

'Tá daoine óga go háirithe ar thóir na spioradáltachta,' arsa an bhean, 'gan ach seanóirí sna seascaidí agus sna seachtóidí ag freastal ar sheirbhísí eaglasta agus ar Aifreann.'

'Níl an riotuál ag mealladh daoine níos mó,' arsa é féin.

Luaigh sé leabhar cáiliúil le Kirsten, le léamh, 'Slí an Oilithrigh', le Rúiseach sa naoú haois déag.

An mhiúin siúil, *hesychasm* nó Paidir Íosa na gCeartchreidmheach, a chuimhníos.

Daoine spéisiúla, bhíodar an-chinnte dá dtuairimí féin, rud a scanraigh mé féin.

Bhí bean Mheicsiceo níos sine ná mé féin, agus an paca droma á chur ar aghaidh aici ó áit go háit. Na cosa millte agus loite go maith aici, ach í meáite ar Santiago a bhaint amach. Tar éis dinnéir, labhair sí ar an bhfón póca agus an callaire ar siúl go hard, le teaghlach iomlán i Meicsiceo.

Ní raibh aon easpa slí san áit, pé scéal é, agus chodlaíomar go sámh. Bhí an áit fuar, ach bhí ualach mór blaincéad olla againn. Ba chuma liom *bed-bugs* anocht, choimeádfaidís teas liom. D'éirigh liom dán de mo chuid féin a chríochnú roimh dhul a chodladh.

Camino (xvi)

Ag siúl romham
bím ag cumadh im cheann,
línte nó frásaí fánacha
a ritheann liom
le buille an mhaide
le rithim na mbonn.

Ní éilím faic orm féin
ach taitneamh nó greann
a thabhairt dá bhfuil ann,
is ligim don tocht féin
nochtadh gan náire
más é sin m'fhonn.

Rófhada a bhíos i ngreim
ag déantús an dáin,
is go bhfuil m'aird iomlán
anois ar charn cnó castáin
á choscairt faoim chaol,
lá seo an áthais tráth an fhómhair im shaol.

31. Molino de Marzán – Portomarín

12 Deireadh Fómhair

Lá saoire eile sa Spáinn, féile Pilár an naomhphatrún náisiúnta. De réir mar a shiúlaim tríd an nGailís, is ea is mó a thaitníonn na daoine agus an tír liom. Ón nGailís, níos faide siar in Ferrol i mbá A Coruña ab ea Franco, agus chuas trí shráidbhaile darbh ainm Franco ar maidin. Bhí scrios déanta ar an bpainéal le graifítí, le heagla go gceapfaí go raibh aon ómós dó. Beidh cúpla glúin eile nó trí nó ceathair ann sara mbeidh dealbh á nochtadh do Franco. Bheadh sé spéisiúil labhairt le muintir na háite ina thaobh, agus tá súil agam go bhfuil bailiú déanta go ciúin ag dream éigin ar na cuimhní cinn le cur sa chartlann.

Theastaigh ó Kirsten siúl léi féin, agus bhuail sí ar aghaidh. Botún ab ea é siúl i dteannta a chéile an athuair, cé nach raibh ann ach lá. Bíonn caidreamh thart nuair a bhíonn sé thart, cé go gcaithim a admháil gurbh é an cóngas meoin ba mhó agam go dtí seo ar an Camino é. Gan trácht ar bhanaltracht. Tuigim anois gurb é an bua atá ag na Gearmánaigh go háirithe, a casadh orm, ná an cúram a dheineann siad de mhionrudaí an tsaoil: téip liachta na méaranna cos atá le fáil i ngach *farmacia,* na méaranna cos a fháisceadh leis an dtéip *sara* dtagann cloig orthu, ullmhú agus pleanáil don lá, an treoirleabhar a léamh go cúramach, soláthairtí bia a réiteach roimh ré, an chóiríocht a bheartú don oíche dar gcionn.

Bhí glactha agam féin leis gur Chaitliceach í Kirsten, agus í ag freastal ar Aifreann ó am go ham, ach dúirt sí lá éigin liom nárbh ea ach Liútarach. Níor phléamar cúrsaí reiligiúnda sa tslí sin, ar aon chuma. Spéis sa mhiúin is mó a bhí aici, agus mórán oibre déanta aici air ar gach slí – cleachtas, tréimhsí staidéir agus mar sin de.

Bhí roinnt mhaith 'turasóirí' Camino amuigh inniu, iad á scaoileadh amach as busanna chun 5 km siúil a dhéanamh, 'blaiseadh' den chonair a fháil. Turasóirí Spáinneacha féin cuid mhaith díobh, ní á chasadh leo é atáim, is í a dtír agus a gCamino féin é. Féile San Pilár. Mar sin féin, ghoill an spleodar agus an gleo ar oilithrigh a bhí ag siúl le tríocha lá agus fonn orthu 'fág an bealach' a fhógairt orthu. Is dócha gur deacair an scéal a mheas nó a chur sa mheá – an t-éileamh mór agus an freastal air – ach is léir ar chuid de na bailte ó Sarria ar aghaidh gurb é gnó an Camino príomhghnó lóistín agus bia na ngnólachtaí iontu. Is mó is gnó tráchtála an Camino de réir mar a dhruidtear i dtreo Santiago, cinnte. Fós, mar atá seanráite, ní mór don uile dhuine a Camino féin a aimsiú. Agus cuir leis sin, go bhfuil gréasáin Camino ar fud na Spáinne agus na hEorpa féin, gan sa *Camino Francés* ach ceann díobh. Camino an chósta thuaidh, cuirim i gcás, is mó a mheallfadh mé féin anois acu.

Bogann an chonair siar i dtreo theorainn thiar proibhínse Lugo anseo agus nuair a shroicheas droichead ard Portomarín, d'aithníos láithreach cá rabhas agus bhí pictiúr den bhaile i mo cheann. Bhí sé luath go maith, thart ar leathuair tar éis a dó dhéag, agus shocraíos leaba in *albergue* dom féin. Ní raibh aon fhonn orm bheith ag cur aithne ar dhaoine nua, gan ach beagán laethanta fágtha, agus choimeádas mo chomhairle féin.

Bhí triúr ceoltóirí ón áit, *gaita* fáiscthe faoina ascaill ag fear amháin, drumaí ag an mbeirt eile, ag réiteach chun ceol a sheimint lasmuigh den Ardeaglais. Labhras leo, á rá gur Éireannach mé féin, agus dúradar go mbeadh an slua amach as an Ardeaglais láithreach. Ócáid fhoirmeálta a bhí ann, roinnt oifigeach *Guardia Civil* faoi éide agus ribíní, maithe agus mionuaisle ag cruinniú thart, agus seo leis na ceoltóirí i mbun seanma. Ní mór eile na hoilithrigh a bhí sroichte agus d'fhanas féin ann agus bior ar an dá chluas agam ag éisteacht leo.

Scaip an slua chun freastal ar thabhairt amach, *pulpo* agus *empanada* agus fíon, agus shocraíos féin síos don tráthnóna ag breacadh. Ar éigean a bhuaileas le héinne, ach beannú don teaghlach Albanach go raibh 'ciamar athá sibh' acu ach níor labhras le héinne go raibh sé ina oíche.

Bhíos ag cuimhneamh an-mhór ar an gceann cúrsa anois, ar na laethanta beaga romham. Ní raghainn go Finisterra i m'aonar. Bhí mo bhean chéile le teacht go Santiago, agus i dteannta a chéile a bheimis uaidh sin amach. Raghaimis go Finisterra le chéile. D'fhágfainn mo chuaráin i mbosca bruscair in Santiago. Bheadh mo

Camino-sa críochnaithe in Santiago féin, pé acu olc nó maith é. Raghainn ag snámh san Atlantach, an chéad deis a gheobhainn, chun é a cheiliúradh. Ní raibh beann mór agam ar theastas ná dintiúr an chinn cúrsa, ná ar shearmanas na n-oilithreach san Ardeaglais in Santiago, ach chríochnóinn amach é. Bhraitheas go raibh an fuinneamh chun an Camino á ídiú agus á spíonadh ionam. 'Sin agaibh mo theastas ar bheatha gach réice …' Chuimhníos ar Eoghan Rua, agus d'ardaigh mo chroí. Leis an réice riamh, leis an spailpín fánach, leis an deorantacht, is mó a bhraitheas dáimh i mo shaol, ach gur éirigh liom féin go hámharach, an t-ól a leagan uaim i bhfad siar.

Bhí neamhaird déanta agam de Rosalía de Castro le tamaillín, ach cheartóinn inniu é agus an t-am agam.

Cando penso que te fuches
Tá tú greadta leat a cheapaim

Tá tú greadta leat a cheapaim
a ollscáil dhubh a phlúchann mé,
is seo arís tú cois na leapan
i do sheasamh ag fiodmhagadh.

Samhlaím go bhfuilir greadta
nuair a ghealann an ghrian féin tú,
is tú spréacharnach an réalta
is tú an ghaoth ag feannadh.

Má chanaid, is tú 'tá ag canadh,
má chaoinid, is tú a shileann deoir,
is tú crónán na habhann,
is tú an oíche, an chamhaoir.

Tá tú san uile ní, is tú an uile,
ionam féin fiú atá lonnaíocht,
ní dual duit mé a thréigean choíche
a ollscáil dom phlúchadh de shíor.

Cé a bhuailfeadh an treo ach Kirsten agus staic ard d'Albanach á tharraingt ina diaidh anois aici. Bhí fonn orm an teitheadh a chur orthu, ach shuíomar chun boird i dteannta a chéile. Ní raibh mórán le rá ag an Albanach dó féin. Ach ó Uibhist a Deas ab ea a athair, cé gur tógadh é féin i nGlaschú. Gan focal Gàidhlige aige, dúirt sé gur tubaiste a bheadh ann dá n-imeodh sí. Sea. Bhí na samhraíocha go léir le linn a óige tugtha aige in Uibhist, agus ba nuacht uaim féin dó é go raibh muiríne nua oscailte i Loch Baghasdail. Bhí an Camino á dhéanamh ar a shocracht aige, é ar shos gairme ón obair, agus a theaghlach ar fad ag teacht amach go Santiago nuair a bheadh deireadh déanta aige – seachtain saoire sa Ghailís. Galfairí é féin agus a bhean, agus bhí na galfchúrsaí dumhcha ar fad á siúl aige, ceann i ndiaidh a chéile, ar oileán na hÉireann. Nuair a luaigh mé Somhairle Mac Gill-Eathain leis, tháinig léas gan anam sna súile aige, agus d'admhaigh sé nár chuala sé trácht thairis riamh.

Bhí Kirsten agus é fein ag fanacht in aon seomra in *albergue* eile thuas faoin mbaile.

Scaoileas leo.

Chuas a chodladh dom féin.

32. Portomarín – Albergue Casa Domingo

13 Deireadh Fómhair

Chuireas breis leis an siúl inniu, i m'aonar gan beann ar éinne, agus táim anois beagnach ar theorainn phroibhinse A Coruña, in *albergue* Casa Domingo, 3.5 km siar ó Palas de Rei. Bead in Santiago faoi cheann trí lá. Dearmad déanta ar chloig agus ar leonta na gcos. Dá gcaithfinn siúl cosnochta, dhéanfainn.

Dinnéar comhluadair anocht san *albergue*, bhíos in éineacht le fear de m'aois féin as Toronto, Ceanada, agus a bheirt mhac. An chaint ar olltoghchán i gCeanada. Bhí an-mhórtas ar an athair gur tháinig an bheirt mhac, fir phósta iad féin, ar an Camino ina theannta ar feadh seachtaine. Iad ag filleadh amáireach ar Cheanada. Fear breá é féin leis, agus dúirt sé liom faoi rún gur chaith máthair na beirte amach é blianta ó shin nuair a tháinig sí air lá le bean eile *in flagrante*. Ní leáfadh im ina bhéal, ba dhóigh leat, le féachaint air.

Albergue breá cóiriúil cois abhann, faoin dtuath, ba agus féar glas. Contae Thiobraid Árann theas, a déarfaí, nó Cill Chainnigh theas ar na harda. Tháinig bean na Gearmáine, Kirsten agus compánach Gearmánach ar adhastar anois aici isteach i mo dhiaidh. Níor bhacas leo ach beannú dóibh …

Bhí an clapsholas anois ann agus chuimhníos ar an amhrán le Dylan, *Not Dark Yet*: *Shadows are falling and I've been here all day … I can't even remember what it was I came here to get away from … It's not dark yet but it's getting there.* Is breá liom an síneadh a bhaineann Dylan as líne, an bhreis siollaí a éiríonn leis a tharraingt aníos as a scamhóga ar uaire chun a leathrannta ríméala a shlánú. '*Can't even hear the murmur of a prayer …*' *Not Dark Yet* go deimhin, '*… but it's getting there.*'

Thugas tamall maith ag ithe bricfeasta cócarálta inniu, i gcaifé ar thaobh an bhealaigh in Gonzar tuairim is 8 km ó Portomarín, agus shuíos siar ag léamh an nuachtáin. A Chríost, an sásamh a bhaineas as. Ní raibh deabhadh ar bith orm. Níor chuir na hoilithrigh eile aon chorrbhuais orm. Bhraitheas go raibh mo 'Camino féin' imithe amú orm le tamaillín, ach pé rud a dhéanfainn anois, ní scaoilfinn uaim le fán arís é.

Is dócha go dtugann daoine faoin Camino ar dhá bhealach – le dlúthchompánach nó le grúpa. Agus ansin, na daoine aonair. Tuigim anois gur gá bheith docht go maith i d'aonar, maidir le compántas agus caidreamh. Daoine a chur uait, do chomhluadar féin a choimeád agus bheith righin go maith ina thaobh nuair is gá. Bean amháin a d'aithníos soir amach, ó Québec ab ea í, paca mór trom aici, í ag siúl roimpi riamh, ach gan aon chaidreamh aici ar éinne. Ón gcúl riamh a d'aithníos í. Beannú di, agus bogadh ar aghaidh. Cá bhfios d'éinne ach do Dhia amháin cad a bhí ar iompar aici? Meiriceánaigh go mór mór, ina ngrúpaí, agus ceann buíne orthu.

Bíonn na laethanta deireanacha ar an Camino éagsúil go maith ar chuma éigin, an cúrsa fada ag teacht chun deiridh, na laethanta atá déanta carntha, agus cocún an Camino á spíonadh amach. Níl dul siar air, ní féidir an lá inné a shiúl inniu. Na comharthaí bóthair agus Santiago anois orthu, turas daichead neomat i mótar. Ar shlí amháin, ba bhreá leat nach mbeadh deireadh go deo leis, go leanfadh an t-aistear seo ar aghaidh siar amach. Agus deineann, leis, má thuigimid gur oilithreacht ar shlí eile is ea an saol ar fad. Ach tá rud éigin in easnamh ar an dtuiscint sin i.e. gur oilithreacht is ea an saol ar fad. Sea, cinnte, ach ní hionann é sin agus an Camino a dhéanamh ó thosach deireadh. Tiocfaidh an t-easnamh chugam in am trátha.

Tuigim anois níos fearr don seoltóir aonair mór – Francach a saolaíodh i Vítneam, Bernard Moitissier – ar theacht go deireadh le cúrsa aonair na cruinne dó tráth, nár bhac le dul i dtír an duais a ghnóthú ach leanúint air timpeall na cruinne an athuair. Is é laoch duine de mo chlann mhac é, seoltóir eile. Scríbhneoir lena chois, thug mo mhac Donncha a chuid leabhar dom le léamh, agus bhaineas ardtaitneamh astu. Fear eile ar thóir lomra órga Iasón.

Níl aon bhuanbhaile ann ar shlí amháin, ach an baile is baile anocht, an lonnú laethúil. B'fhéidir go mbíonn col againne, lucht buanchónaí, leis an lucht siúil, toisc go mbaineann siadsan an bonn de thuiscint an bhuanchónaithe dínn. Níl sa bhaile a thugaimid linn inár gceann, mar mhúnla tagartha gur cnuasach mothálach in éineacht é, ach scailéathan go mbímid ag cur leis de shíor, agus ag baint uaidh.

Gluaisimid i dtreo an Athar agus na Máthar. Beirt ar leith gurb iad an t-éinne amháin iad. Ag gluaiseacht i dtreo na Máthar atáim an uair seo. Nuair a bhaineas Santiago amach in éineacht le mo mhac Ciarán blianta beaga ó shin, ní raibh m'athair féin i bhfad caillte. Lá nó dhó sular cailleadh é, shuigh sé aniar ina leaba agus d'fhiafraigh díom: '*What's it all about, do you know?*' É seo ó fhear gur mhó aige cainníochtaí méadar ciúbach coincréite riamh ina shaol ná aon mhórcheisteanna fealsúnta. Baineadh stad glan asam. Bhíos i mo thost. Ach rith an cheist chéanna liom, ceist m'athar, agus mé i mo shuí sa chearnóg os comhair na hArdeaglaise in Santiago agus é díreach sroichte agam cheana gan mo phaca bainte díom. James ab ainm do m'athair, leis. San Séamas. Santiago. D'fhanas i mo shuí, i mo thost, ar feadh tamaill fhada gan chorraí. Mise, athair mo mhic, agus mac an athar. 'Is tríd, agus leis agus ann …'

Teiripe, ar ndóigh, cad eile, an Camino, teiripe chognaíoch nó *cognitive therapy* – a thugann an aigne faoi réir an choirp. 'Shiúil sé a aigne', a dúirt an fear. Tráth amháin i mo shaol, agus m'aigne féin ag líonrith sna táinte reatha gan beann ar an gcorp, bhíos i gcruachás. Conas a d'fhéadfainn an aigne a thabhairt faoi réir an choirp? Chaitheas an siúl a athfhoghlaim, nach mór, na coiscéimeanna fad na céibhe a shiúlas gach lá a chomhaireamh. Diaidh i ndiaidh, tháinig an aigne isteach i gclós an choirp, mar a bheadh ainmhí allta sceite nár leomhaigh coiscéim a thabhairt thar tairseach isteach ach ar tháinig a mhuinín chuige go faiteach. Agus ansin, bhí sé istigh, agus isteach is amach ar a shuaimhneas.

'A Chríost na Glóire, *Jesus Chrisht Almighty,*' a deireadh Annie Bowen, an bhean tuaithe fadó, go garbh agus go grámhar, na heascainí agus na paidreacha ina steallta sna sála ar a chéile le gach re anáil. Is é an comhluadar tuaithe sin a bhailigh timpeall ar thigh m'uncail ar Shliabh Eoghain fadó, tigh mhuintir mo mháthar, is mó riamh a d'fhág rian orm le linn m'óige. Agus féach anois, iad ina scailéathan timpeall orm sa chlapsholas ar na cnocáin sa Ghailís.

Garbhchríocha na daonnachta go deimhin.

It's not dark yet, but it's getting there …

33. Casa Domingo – Arzúa

14 Deireadh Fómhair

Tá Arzúa, mar a bhfuilim anocht, a oiread céanna de bhreis ar an gceann cúrsa lae agus a bhí *albergue* na hoíche aréir. Spáinnigh is mó in *albergue Xunta* na Gailíse. Chuadar a chodladh dóibh féin ar an toirt nuair a bhaineadar an bunc amach déanach tráthnóna. Ní áirím ciliméadair níos mó, ach áiteanna a bhaint amach a fhágfaidh nach mbeidh ach siúl leathlae isteach in Santiago féin i gceann dhá lá.

Ag siúl i m'aonar arís, agus mé ag coimeád tionlacan liom féin le seanamhráin. Ní fhaca puinn daoine in aon chor agus cluasáin cheoil acu ar an Camino. Más rithim an siúl, is rithim cheolmhar i mbabhtaí é. Cuid de na hamhráin choitianta *blues* nó *Gospel … 'I am a poor wafairing stranger …'* ag teacht aníos go mór.

Thriaileas Pulperia Ezequiel in Melide feadh na slí, agus bhí an bhean Ghearmánach agus a páirtí nua ón nGearmáin istigh romham ag bord. Ní raibh aon éalú uathu. Plód istigh. Níor thugas mórán taitnimh don bhia, an t-ochtapas óg bocht, é fós ag caitheamh treabhsar gearra. N'fheadar cá ndeineann siad slad orthu, ach tá tóir mhór acu sa Ghailís orthu. Beiriú a thabhairt dóibh i gcorcán, iad a ghearradh ina mblúirí fad mhéar choise, agus babhla díobh in anlann a chaitheamh chugat. Ruibéar, nó *cúitsiúc* an focal a bhí acu go luath i nGaeilge, tá cangailt iontu is dócha.

Siúl taitneamhach inniu, trí choillte duillsilteacha, ag gabháil thar an mórbhóthar agus síos faoi uaireanta, agus thar aibhneacha. Siúl na n-aibhneacha is dócha a thabharfaí ar an lá inniu. Furelos an áit is taitneamhaí acu, seandroichead cloiche, agus atógaint mhór déanta ar na seanfhoirgnimh chloiche cois abhann in Ribadiso féin.

Ach bhíos meáite ar bhogadh chun cinn thar Ribadiso. Ní raibh Arzúa féin róthaitneamhach i dtosach, ach tá an *albergue* féin sa seanbhaile. Bhuaileas fúm i gcaifé tamall suas ón *albergue* agus ceathrar ban as Éirinn ag bord taobh liom. Stráice á dhéanamh acu le pacaí lae amach as Sarria, níor labhras leo. Tuigim áfach, go bhfuil seans liom féin go bhfuaireas an deis an Camino seo a dhéanamh as a chéile. An chéad uair i mo shaol agam agus a oiread laethanta le cur i leataobh agam chun tabhairt faoi, bhíos buíoch. Mífhoighne anois orm cuid den am. An ceann scríbe a bhaint amach.

Níl aon léargas mór ann ar deireadh, ach an méid a nochtann an lá. Slí mhothálach, mar a dúrt cheana, is ea an Camino comhthreomhar leis an saol 'amuigh ansin', ach gurb é an saol 'amuigh ansin' istigh anseo chomh maith céanna é. Ní móide go bhfuil an tuiscint seo againn don 'saol mothálach' ach le cúpla céad bliain, ó Rousseau i leith nó ó ré an Rómánsachais. In Iarthar Domhan. I ndánta Rosalía de Castro féin, gluaiseann sí ó shaol 'traidisiúnta' an bhéaloidis in *Cantares Gallegos* go dtí dánta 'pearsanta' an Rómánsachais, in *Follas novas* sa Ghailísis, ach go háirithe sa chnuasach déanach *En las orillas del Sar* sa Spáinnis. Tá an tuiscint sin imithe le buile anois. Faoi mar gur 'ceart' is ea an tslí a bhraitheann duine. Nuair nach mbíonn córas aontaithe morálta comhthuisceana i réim agus na riotuáil ann chun freastal air i.e. Críostaíocht nó Ioslamachas nó Búdaíochas nó Hiondúchas nó Daonnachas nó Eileachas éigin, bíonn an uile dhuine ag déanamh dó féin. Ar an Camino, bíonn comhaontú gan rá i réim i.e. go gcuireann tú ort do phaca lae, go dtéann tú ag siúl, cuma conas a bhraitheann tú, doicheallach, malltriallach, istigh leat féin, amuigh leat féin, aerach, baoth, gealgháireach … cuma conas tá ag an lá, te, fuar, fliuch …

Siúl trí do dhoicheall. Siúl tríd an screamh mhothálach. Siúl sa teas. Siúl sa fhliuchán. B'fhéidir go bhfaighidh tú amach nach bhfuil faic ort. B'fhéidir nach raibh faic riamh ort, ach na gnáthmhothúcháin laethúla, iad guagach, luaimneach mar a bhíonn. Mé féin, bíonn orm an claonadh i leith an duaircis go háirithe a chur ó dhoras, é a aithint sara gcasann sé isteach an geata chun cnag a bhualadh ar an doras nó siúl isteach gan iarraidh go minic.

Níl, ar ndóigh, an riotuál ag tabhairt aon sásamh do dhaoine óga go háirithe, agus i gcás an Camino, an riotuál den leagan Críostaí atá ag an Eaglais Chaitliceach. Is léir don dall é. Braithim féin anois, agus mé gairid do cheann scríbe, go bhfuiltear sa tóir ar thuiscintí réamh-Rousseau, réamh-Rómánsacha ar an daonnacht, is é sin an duine agus an pláinéad féin faoi ghné na síoraíochta, gur inmharthanacht faoi chló eile í. Tagaimid go dtí íor na spéire os cionn an Atlantaigh ar ball in Finisterra, ach ní bhíonn deireadh go deo leis an íor. Tá líne ag Thomas Merton i gceann dá aistí, a deir – de réir mo chuimhne – 'Then there are no more horizons'. Tá leagan den tuiscint sin sa bhéaloideas in Éirinn, abair in *Cluasach Ó Fáilbhe agus an Ceannaí Fionn*. Braithim gur thuig na manaigh ar Sceilg Mhichíl an méid sin ag Merton. Dheineas gáire dom féin nuair a sheasas ar mhullach na Sceilge lá, agus d'fhéachas i mo thimpeall. Gáire soilíosach croí … b'fhéidir, a chuimhníos níos deireanaí, gur ó na manaigh ar an Sceilg a tháinig an tuiscint sin anuas trí na glúnta go dtí pobal seanchais agus scéalaíochta Uíbh Ráthaigh, agus an *Cluasach Ó Fáilbhe* á chumadh agus á insint acu.

Go dtugtar ábhar dóchais dúinn, go simplí – go bhfuasclódh an dóchas sinn, glan amach as ár gcual casta cnámhach mothálach. Cad a thabharfaidh dóchas nó ábhar dóchais dúinn? Sin í an cheist. Braithim go bhfuil cuid de na freagraí ag an máistir Zen féin, an file Ryokan. A bheith sásta, ar sé. A bheith sásta.

Táim suite ag bord liom féin i mbialann trasna ón *albergue* ag breacadh, nuair a lorgaíonn ógfhear Spáinneach cead suí i mo theannta. Tá, agus fáilte. Tá sé ag obair do chomhlacht importála troscán Spáinneach, ar thuarastal Spáinneach, i Londain agus é ag déanamh smut den Camino aníos ón ndeisceart. As Murcia sa deisceart ar fad é féin, agus an dreach dá réir aige.

Ag caint ar na tuiscintí Spáinneacha don *siesta* agus do rithimí an lae is mó atáimid, agus deir sé liom gur máistir iomlán ar an *siesta* in Murcia faoin teas marfach é a athair. Braitheann sé féin uaidh an *siesta* i Londain. Beo sa cheo, ar chianóga na Spáinne.

'Conas atá máistreacht ar an *siesta* ag d'athair?' a fhiafraím.

'Ó, téann sé ina sheomra codlata,' ar sé, 'agus deineann codladh dhá nó trí uair an chloig. Dúnann sé na dallóga, baineann sé gach luid éadaigh de, cuireann air a phitseamaí, agus cuireann áras fuail faoin leaba. Ní mian leis go mbeadh aon chur isteach air, fiú óna chuid riachtanas fuail seanaoise. *Siesta pijamas y urinor* a bhíonn ag m'athair.'

Buaite glan!

Chuas a chodladh agus mé ag gáire.

34. Arzúa – Lavacolla

15 Deireadh Fómhair

Labacolla agus Lavacolla atá air, sa dá theanga. Ní fhéadfainn *gan* fanacht in *Labacolla* agus leaba na hoíche a lorg ann. Eitleáin ag tuirlingt in aice láimhe. Seanséipéal dúnta. Sráidbhaile ar leataobh an bhealaigh mhóir isteach sa chathair. Dúirt bean an tí san óstán tuaithe liom go rabhadar lán amach, na seomraí ar fad curtha in áirithe ag lán bus Gearmánach, ach nuair a chuas dian uirthi, chuimhnigh sí go raibh seomra beag aici gan chith ná leithreas, agus fuaireas é ar €15. Dinnéar thíos staighre anocht, agus mé i mo rí ar Labacolla. Níl na Gearmánaigh iad féin fiú – garbh-bhéasach ag gragaíl – ag cur isteach orm.

Na coillte eocailipteacha inniu, ní chloisfeá aon éan ag canadh iontu, faoi mar go raibh a fhios ag na héin féin nár bhaineadar leis an áit. Triaileadh iad a fhás ar feadh tréimhse in Éirinn leis, a chuimhním, ach is mór an gar é nár coimeádadh leo. Ach caitheann daoine maireachtaint. Chonac i dtagairt amháin, go raibh tionscal taos adhmaid bunaithe orthu. Aeráid na Gailíse oiriúnach. Crainn prasfháis. Slogann uisce.

Tá gliondar orm, de mo lomainneoin. Taobh leis an aerfort in Santiago agus lá sa bhreis agam – 'do lá ar an mbus go Villafranca' – a deir an guth criticiúil i mo leathchluas. 'Ní raibh do chosa chomh holc sin ar fad.'

'Bailigh leat in ainm an diabhail, a chneamhaire!' a fhógraím air os ard, agus tugann scata Gearmánach ag an mbord taobh liom drochfhéachaint orm. Is gearr go mbogfaidh siad. Táim nite ar a laghad. Deinim comhrá le Francach ar feadh tamaillín, iarmháistir báid ambaiste, captaen submuirín i gcabhlach na Fraince, agus táim chomh haerach le fuiseog.

*Wind*eáil síos é seo. Geábh leathlae amáireach isteach sa chathair. Aon bhean amháin gur thógas ceann inniu di, í á fháil dian in aghaidh an aird ar na conaireacha, dhá mhaide aici chun í féin a bhrú in airde, agus truslóga aici lena géaga fada. Bean thart ar m'aois féin. Beannú di, sin uile.

Lá eile é ar an Camino, sin uile, ach is mó ná san leis é. Pé rud atá déanta. Bíodh sé mar atá. Fuaireas scéala inniu ón mbaile go bhfuil cnuasach dánta i nGailísis agus i nGaeilge díreach foilsithe, agus cúpla dréacht agam féin ann. Gan aon choinne agam leis, agus é ar fáil anois sna siopaí leabhar. Triailfead é a fháil in Santiago.

Níl le déanamh ach suí fúm ar mo shocracht. Bím ag breacadh liom i leabhar nótaí eile, leabhar dánta. Caithfead tabhairt faoi Rosalía, agus is ea, tabharfad féin cuairt ar a háit dhúchais. Oilithreacht phríobháideach. Siúl amach ann agus beannú di. Ní chorróidh éinne de bheirt againn an domhan mór, ach tá ómós ciúin agam di. Is leor an méid sin. Braithim gur páirtithe anama sinn ar an Camino seo. Tá baint ag dúchas mo mháthar agus muintir mo mháthar leis, mar a deirim. B'fhéidir gur leor sin. Leor.

Bhíos suite i m'aonar chun boird, aimsir dinnéir, agus an bhialann lán. Tháinig Meiriceánach mná chun an bhoird agus shuigh le mo chead. Ba í bean na dtruslóg agus na maidí í. Í ina haonar ag siúl ar mo chuma féin.

'Canathaobh go labharfá Spáinnis leo?' ar sí, agus an bia ordaithe agam.

'Ó, níl agam ach beagán, ach is maith liom í a labhairt agus a thuiscint. Cuid den Camino, an dtuigeann tú …'

'Béarla a labhraimse leo i gcónaí sa bhaile in New Mexico, nílimid i bhfad ó theorainn Mheicsiceo, agus bíonn siad ag teacht thar teorainn chugainn gach aon lá. Meicsiceo beag anois an áit againne, an rainse a d'fhág m'athair agam …'

Múinteoir ab ea í, ar scor anois, agus céim aici san innealtóireacht lena chois, bean chumasach. Ina cás sise, b'ionann Spáinnis agus géilleadh don ionradh Meicsiceach. Cos i bhfeac.

Ní raibh aon fhonn mór bia uirthi, agus blaistíneacht aici.

'Níl tú féin ag ól fíona?'

'Ní bhacaim leis. Ólann tú féin braon.'

'Deineann gloine mé ag béile.'

Bhí a haghaidh fáiscthe agus athfháiscthe ag rud éigin, mar a bheadh éadach. Bhraitheas é. Déine an tsiúil, b'fhéidir. Ach ar sí:

'Cailleadh mo mhac aonair tamall ó shin. É sna tríochaidí. Drugaí agus ólachán. Sin é a thug ar an Camino mé.'

'Ó, is oth liom go mór é sin.'

Tost eadrainn …

'Dheineas gach dícheall leis. Gach cúnamh faoin spéir ab fhéidir a fháil. *Rehab* … níl fhios agam cé mhéad uair, fiú socrú leis na póilíní áitiúla é a thógaint ón tsráid agus a chur faoi ghlas ar mhaithe leis féin, níorbh aon mhaith é … bhí mac aige le bean, garsún cúig bliana agus tá sé sin ina dhiaidh agam ar a laghad … tá a chuid luaithrigh i mo phaca agam ar an Camino agus mé á scaipeadh feadh na slí … níl agam ach seachtain … ní fhéadfainn cuimhneamh ar aon áit ab fhearr ar domhan chun é a dhéanamh.'

'Conas atá do choisíocht?'

'Nílim ach cuibheasach. Ach dírím m'aird gach lá ar an gconair. Áit a roghnú do charn luaithrigh an lae. Bruach srutháin, b'fhéidir. Seandroichead. Coill eocailipteach inniu. Paidir a chur le hanam mo mhic. Ní dóigh liom go rabhas riamh chomh mór i láthair, ionam féin, in aon áit ar domhan. Roghnaíonn na láithreacha iad féin, ar chuma éigin, don luaithreach gan mise á rá, nó is comhpháirtíocht idir mo mhac agus mé féin é … tá sé ag tabhairt suaimhnis éigin dom nach raibh eadrainn agus é ag ól agus i mbun drugóireachta. Beidh deireadh an luaithrigh scaipthe amáireach ar an tslí go Santiago. Coimeádfad lán doirn don Ardeaglais féin. Pasáil na gcos ar na leacacha istigh, ní bheidh a fhios ag éinne é ... smúit agus smúdar an tsiúil ...'

D'fhanamar tamall fada ag an mbord. Mise ag éisteacht, is mó.

Bhaineamar ár leapacha amach.

Chuas a chodladh dom féin.

Ciúin.

Buíoch.

35. Lavacolla – Santiago

16 Deireadh Fómhair

Gan aon deabhadh inniu, thar aon lá. *Desayuno* thíos sa bheár. An siúl isteach inniu le hais an aerfoirt, síos isteach thar ceanncheathrú theilifís na Gailíse, mar a bheadh an siúl isteach i gcathair Chorcaí ó aerfort na cathrach sin a chuimhníos.

Chuireas chun bóthair. Pictiúr glan i mo cheann agam den chonair isteach. Fágaim Crois Bhríde, agus í fite go tuathalach agam as cipíní, ar an sreang le hais an aerfoirt, mar a bhfuil na céadta cuimhneachán eile crochta. Gabhaim thar an *albergue* mór ar an Monte del Gozo, busanna ag tarraingt isteach chun oilithrigh a thabhairt chun na cathrach. Síos na céimeanna fada, thar an droichead agus isteach sa bhaile mór. Ní fiú aon mhoill a dhéanamh, ach caife a bheith agam in Mesón mar a bhfuil slua ag bailiú don lón níos déanaí. Cuid den Camino é dul i dtaithí ar an tranglam cathrach an athuair. Ní miste liom in aon chor é. Ar aghaidh liom an athuair, síos trí na sráideanna, agus isteach sa seanbhaile múrtha.

Táim sa scuaine gan mhoill agus mé ag feitheamh le mo *Compostela*. Aithním cuid de na daoine i mo thimpeall, ach coimeádaim chugam féin cuid mhaith. Níl an oilithreacht seo thart, ná baol air. Ach leagaim uaim mo sheanchraobh de mhaide. Sin é a dheireadh sin, ach go háirithe. Níor thugas liom an *credencial* a bhí agam cheana as Sarria, ach is cuma sin. Tá an ceann seo lán amach de stampaí, má tá ceann féin agam ón *estación d'autobus* in Ponferrada!

Tugaim liom mo dhintiúirí páipéir.

Faighim leaba na hoíche dom féin os cionn caifé taobh leis an Ardeaglais. Seomra ar €20, nuair a chuas ag margáintíocht le bean an tí thíos staighre. Áiseanna níocháin agus leithris amuigh, ach is cuma. Radharc amach an fhuinneog agam ar an gcearnóigín seo thuas, an Ardeaglais thíos uaim ar ch! an mhainistir mhór Bheinidicteach a bhí, ar dheis agus í athchóirithe mar ionad aíochta.

Tá Aifreann mór na nOilithreach don lá inniu caillte agam, ach raghad ann amáireach nó níos deireanaí tráthnóna, n'fheadar cé acu. Mo mhéaranna a leagadh anuas ar na méaranna uile a chuimil an chloch sheasta ar ghabháil thar tairseach isteach leis na cianta.

Cuimhneod go háirithe ar bhean an luaithrigh.

Buailim amach dom féin. Tá mo thriall ar *Follas Novas,* an siopa mór leabhar sa chathair. Nuair a chuirim tuairisc an chnuasaigh nuafhoilsithe – 'i nGailísis?' – 'thíos staighre san íoslach' – tuigim an scéal.

Faighim mo chóip den chnuasach nua – *Un bosque novo*, agus buailim fúm ag léamh don tráthnóna. Cuimhním gur *Follas Novas* a bhí ar chnuasach dánta Rosalía de Castro sa Ghailísis in 1880. Tá dán leis aici den teideal céanna.

¡*Follas novas*!
Duilleoga nua!

Duilleoga nua! Cúis gháire chugainn
an t-ainm seo atá oraibh,
mar a thabharfaí ainnir gheal
ar bhean chomh dubh leis an daol.

Ní duilleoga nua iad ach craobh
aitinn agus driseacha,
cealgach mar atá mo dhobrón,
fiánta mar atá mo phéin.

Gan boladh gan úire anama,
leonann sibh le goin fhiáin;
más sa gharbhlach a d'fhás
is dual don dealg nimhe a braon.

Tá rud éigin tagtha nó tugtha le chéile ag deireadh an aistir seo. Nílim cinnte cad é é.

Ag siúl sa tsráid dom ceann de na laethanta i lár Santiago, táim i ngaobhar sagairt atá ag déanamh a shlí aníos in aghaidh an aird agus saothar mór air.

Stracfhéachaint amháin a thugann sé orm, stadann sé i lár na slí.

'Tá aithne agam ortsa,' ar seisean agus é ag breith ar a anáil.

Gaeilge, ambaiste, cé a chreidfeadh é.

'Más ea, ní athnímse tusa.'

'Sea, aithním do ghuth anois, aithním do chuid cainte … An mac deirféar do Denis the Russian as Sliabh Eoghain, tú …?'

'Is ea go deimhin. Na Murphy Russians … 'Chríost na bhFlaitheas, ach tá tú agam anois. Dúraís Aifreann na *Stations* i dtigh m'uncail Denis na blianta fada ó shin.'

'Is mise an fear céanna.'

'Tá an aois orainn beirt.'

'Tá. Ach aithnímid a chéile mar sin féin.'

'Téanam ort a dhiabhail, nó go ndéanfaimid dreas cainte. Cad a thug anseo sinn, agus casadh le chéile i lár na sráide in Santiago …?'

Lomchlár na fírinne.

Leabharliosta gearr

Alonso, Carme Rodriguez (ed.) 2015. *Un bosque novo. Antoloxia de poesía gaélica contemporánea*, Editorial Trifolium, Santiago, España.

Briersley, John. 2015. *A Pilgrim's Guide to the Camino de Santiago*, 12th edition. Findhorn Press, Scotland, UK.

de Castro, Rosalía. 2007. *Rosalia de Castro – Selected Poems*, trans. Michael Smith, Shearsman Books, Exeter, UK.

Nooteboom, Cees. 1997. *Roads to Santiago: A modern-day pilgrimage through Spain*, trans. Ina Rilke, First Harvest, USA.

Wright, James. 1971. *Collected Poems by James Wright*, Wesleyan University Press, Connecticut, USA.

Withdrawn from stock

Dublin Public Libraries